習近平vs.アグネス・チョウ守護霊霊言

自由のために、戦うべきは今

大川隆法
Ryuho Okawa

まえがき

今、香港《ホンコン》で起きているのは、デモか、それとも、暴動か。

私は、もう『香港革命』と言ってよいと思う。香港は今、中国の全体主義に対して、「自由の創設」を目指《めざ》して革命をやっている。

香港政府トップの林鄭月娥《りんていげつが》行政長官は、昨日、「逃亡犯条例」改正案を完全撤回すると表明した。一部勝利ではあるが、革命はこれでは終わらないだろう。

本書では、習近平氏とアグネス・チョウ氏の守護霊霊言を軸に対立の争点を明確化した。

霊的背景や、神の心がよく判《わか》る一書になっているだろう。

二〇一九年　九月五日

幸福《こうふく》の科学《かがく》グループ創始者兼総裁《そうししゃけんそうさい》
幸福実現党創立者兼総裁《こうふくじつげんとうそうりつしゃけんそうさい》
大川隆法《おおかわりゅうほう》

自由のために、戦うべきは今　目次

序章　緊迫《きんぱく》の香港《ホンコン》情勢、その中心に切り込《こ》む

二〇一九年九月三日　収録

東京都・幸福の科学総合本部にて

第2章　アグネス・チョウ守護霊の霊言

二〇一九年九月三日　収録
東京都・幸福の科学総合本部にて

6

中国の民主化まで考えている　

9

第3章　天草四郎の霊言

二〇一九年九月四日　収録
幸福の科学 特別説法堂《せっぽうどう》にて

第4章　ハンナ・アレントの霊言

二〇一九年九月四日　収録
幸福の科学 特別説法堂にて

序章　緊迫《きんぱく》の香港《ホンコン》情勢、その中心に切り込《こ》む

二〇一九年九月三日　収録

東京都・幸福の科学総合本部にて

中国建国七十周年の十月一日を控《ひか》えた、この九月が香港《ホンコン》情勢の山場

大川隆法　先般《せんぱん》からの香港《ホンコン》でのデモ等が気になっています。

百万人デモ、二百万人デモと、大きいものが続いていて、先週末（八月三十一日）には最大規模のものを目指していたようですが、その前日にリーダーが八人ほど逮捕《たいほ》されました。そのなかにアグネス・チョウ（周庭《しゅうてい》）さんも入っていて、一日弱、数時間か拘束《こうそく》されましたが、保釈金《ほしゃくきん》を払《はら》って出てきたようです。それで、多少、トーンダウンはしたものの、自主的にデモ等が行われていて、九月に入ってからは、大学や高校、中学校でもストライキが始まっているようです。

ただ、十月一日は中国の建国七十周年記念になるので、おそらく、この九月中ぐらいが最後の山場かと思います。

前回の「雨傘革命《あまがさかくめい》」のように、デモ隊のほうが屈《くっ》して負けるかたちになるか、それとも中国のほうが恥《はじ》をかかされるような状態になるか、あるいは悲惨《ひさん》なところま

●**雨傘革命**　中国政府による香港への政治介入が強まるなか、2014年、香港の学生を中心に大規模な反政府デモが起きた。学生たちが傘を掲げてデモ活動に参加したことから、「雨傘革命」と呼ばれる。

で行くか、予断を許さないところではあるでしょう。

しかし、おそらく、日本国政府は何も言わないだろうと推定します。中国にケチをつければ日本での買い物客が減るし、香港に何か言っても日本政府には何の力もないので、ロシアに出張する安倍《あべ》首相に代わり、幸福の科学のほうで日本の意見を代弁させていただこうかと思っています。

習近平《しゅうきんぺい》氏と香港《ホンコン》デモの霊的《れいてき》中心・アグネス・チョウ氏の守護霊《しゅごれい》にアクセス

大川隆法　今日はいろいろと訊《き》くべきところがありますが、中心は、結局、国家主席の習近平《しゅうきんぺい》氏の腹づもりはどの程度かということと、デモのリーダーはたくさんいて、はっきりと分からないようにはしていますが、霊的《れいてき》にはアグネス・チョウさんあたりが中心的かと思われるので、このあたりの方の意見を聞いて、どこまでやるつもりなのかを見てみたいと思います。
中国としては台湾《たいわん》も狙《ねら》っているわけであり、香港《ホンコン》あたりで手間《てま》取ったり恥をかいたりするようなことがあったのでは、全然、進まないので、ここはどの程度まで非情になれるかの問題でしょう。

また、香港のほうは今、ニューヨーク、ロンドンに続いて、世界三番目の国際金《きん》融《ゆう》都市と言われていますし、情報も集まっているところだったのですが、もしかすると、廃墟《はいきょ》になる可能性もあるわけです。今、習近平氏は、金融の中心を香港から中国本土内、深圳《しんせん》のほうに移していこうとしているところなので、香港が残れるかどうかの戦いでもあろうかと思います。

国際政治的には全体主義の十四億・中国に、七百万・香港《ホンコン》が挑《いど》む

大川隆法　国際政治的に分析《ぶんせき》するかぎり、中国の政治体制は、「民主主義体制」というよりは「全体主義体制」であることに、ほぼ異論がないでしょう。

そして、香港《ホンコン》のデモが革命まで行くかどうかのところだと思うのです。

今回は、香港の人口約七百万人のうちの百万、二百万人までがデモ等に参加して

いて、なかには警察官の家族や教職員等も参加していますので、本当に「最後の戦い」かもしれません。

しかし、人数的に言えば、「香港七百万人対中国本土十四億人」なので、計算すると〝二百倍〟の差でしょうか。まともにやれば勝ち目はありません。

したがって、香港でデモをしている側としては、悲惨な現実が出る前に、国際世《せ》論《ろん》が北京《ペキン》政府を非難することで、「北京政府がこれ以上の国際的な非難に耐《た》えられずに、香港に対する政策を転換《てんかん》する」というようなことを見せられるかどうかにかかっているでしょう。

約束違反《いはん》の北京《ペキン》政府に、「自由の創設」を求める香港《ホンコン》デモ

大川隆法　はっきり言えば、中国は約束違反《いはん》をしているわけです。「一九九七年に香港《ホンコン》がイギリスより返還《へんかん》されてから、五十年間は香港の体制を維持《いじ》する」という約束をしているのです。ところが、今はまだ返還から二十二年なのに、この時点です

でに中国本土と一緒《いっしょ》にしようとしているわけですから、約束違反をしたのは明らかに北京《ペキン》政府のほうでしょう。

約束違反をしているのは、その先に目指しているものがあるからです。台湾、それからアジアの近隣《きんりん》諸国、アフリカ、ヨーロッパへと触手《しょくしゅ》を伸《の》ばそうとしていますから、そんなにゆっくり待っていられないということでしょう。習近平氏が在任のうちにやりたいことがあるのだろうと思います。

もし、革命の定義が、ハンナ・アレントの説くように、結果的に「自由の創設」をするものであれば「正しい革命」であるし、結局、〝恐怖《きょうふ》の支配〟を生むものであるならば、その革命は失敗ということになるでしょう。

今のところ、香港のデモ隊等には、一部、過激な部分も出てきてはいますが、「自由の創設」を求めているのだろうと、私は理解しています。彼らは「表現の自由」や「言論の自由」、それから「デモの自由」および「投票の自由」を求めています。

一方、香港の行政長官とはいっても、キャリー・ラム（林鄭月娥《りんていげつが》）氏は習近平主席の傀儡《かいらい》でしょう。守護霊霊言《しゅごれいれいげん》を録《と》ろうかとも思ったのですが、録っても、結局、自分の意志はなく、北京政府の意見どおりにしかできないし、辞《や》めることさえできないのではないでしょうか。おそらく、法案の撤回《てっかい》も、自分が辞職することも、自分ではなかなか決められない状態かと思われるので、その〝中心点〟の意見を聞いてみることにします。

切羽詰《せっぱつ》まった香港《ホンコン》を何とかして助けるために言論戦を

大川隆法　習近平氏については、幸福の科学からすでに四冊の本が出ています。『世界皇帝《こうてい》をめざす男』『中国と習近平に未来はあるか』（共に幸福実現党刊）や、最近でも、『守護霊インタビュー　習近平　世界支配へのシナリオ』『習近平守護霊　ウイグル弾圧《だんあつ》を語る』（共に幸福の科学出版刊）を出しました。去年あたりから、ウイグル支配の実態や、チベット、内モンゴル等のかなり悲惨な状態を、当会から世

●法案の撤回……　本収録翌日の2019年9月4日、キャリー・ラム行政長官は香港デモの原因となった「逃亡犯条例改正案」を正式に撤回すると表明した。

界にだいぶ知らせることはできたと思います。

私は、今年（二〇一九年）の三月に台湾にも行って、「台湾もあんなふうになりたいのか」というようなことを言ってきているので、中国にも香港《ホンコン》にも、それは伝わっていることでしょう。

幸福の科学としても何とかしてあげたいところではあるのですが、いかんせん、政治的権力がないため、今のところ、あくまでも言論的に影響《えいきょう》を与《あた》えることぐらいしかできません。

それでは、本心のところを訊き出して、みなさんで世界のマスコミや政府の代表者の代わりに、両者の主張を聞いてみることにしましょう。

（2018 年 11 月刊）

（2018 年 6 月刊）

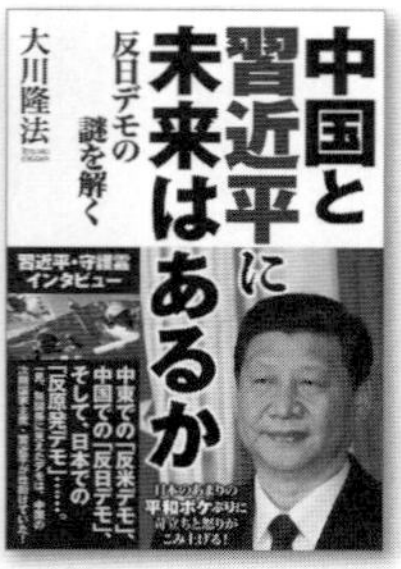

（2012 年 10 月刊）

（2010 年 11 月刊）

（左から）『習近平守護霊　ウイグル弾圧を語る』『守護霊インタビュー　習近平 世界支配へのシナリオ』（共に幸福の科学出版刊）、『中国と習近平に未来はあるか』『世界皇帝をめざす男』（共に幸福実現党刊）。

デモが許可されないため、宗教集会に見せて抗議《こうぎ》する香港《ホンコン》

大川隆法　今、香港《ホンコン》では、普通《ふつう》のデモだと弾圧されるため、「宗教の集会に見せたほうが被害《ひがい》が少ない」ということで、キリスト教の賛美歌《さんびか》を歌いながらやったりして、被害を少なくしようとしているようです。

ちなみに、「イエス・キリストがいたら、エアコンの効いた家のなかにはいないことは確実です。街に出て、人々を助けていることでしょう」ということを、香港の人は言っているそうです。私も部屋にエアコンがついているので「まずい」と思ったものの、「ああ、イエス・キリストではないので、構わないのかな」などと思いつつ、仕事としては今やろうと考えているところです。

いずれにしても、切羽詰《せっぱつ》まってきているので、結論が早く出てくるかと思います。先週、韓国《かんこく》の文在寅《ムンジェイン》大統領の守護霊にも訊いてみましたが、今までの霊言よりもかなり赤裸々《せきらら》な感じになってきていたので、今回もそうなるのではないかと思います。

●今年（二〇一九年）の三月に台湾にも行って……　『愛は憎しみを超えて』（幸福の科学出版刊）参照。

「霊言現象《れいげん》」とは、あの世の霊存在の言葉を語り下ろす現象のことをいう。これは高度な悟《さと》りを開いた者に特有のものであり、「霊媒現象《れいばい》」（トランス状態になって意識を失い、霊が一方的にしゃべる現象）とは異なる。外国人霊の霊言の場合には、霊言現象を行う者の言語中枢《ちゅうすう》から、必要な言葉を選び出し、日本語で語ることも可能である。

また、人間の魂《たましい》は原則として六人のグループからなり、あの世に残っている「魂のきょうだい」の一人が守護霊《しゅごれい》を務めている。つまり、守護霊は、実は自分自身の魂の一部である。したがって、「守護霊の霊言」とは、いわば本人の潜在《せんざい》意識にアクセスしたものであり、その内容は、その人が潜在意識で考えていること（本心）と考えてよい。

なお、「霊言」は、あくまでも霊人《れいじん》の意見であり、幸福の科学グループとしての見解と矛盾《むじゅん》する内容を含《ふく》む場合がある点、付記しておきたい。

第1章　習近平守護霊《しゅうきんぺいしゅごれい》の霊言《れいげん》

二〇一九年九月三日　収録

東京都・幸福の科学総合本部にて

習近平《しゅうきんぺい》（一九五三〜）

中華《ちゅうか》人民共和国の政治家。いわゆる太子党（党高級幹部の子弟《してい》グループ）の一人。福建《ふっけん》省長、上海《シャンハイ》市党委員会書記、党中央政治局常務委員等を経《へ》て、二〇〇八年に国家副主席に就任。二〇一二年、胡錦濤《こきんとう》の後継《こうけい》として、党総書記、中央軍事委員会主席の座に就《つ》く。二〇一三年、全国人民代表大会で国家主席、国家中央軍事委員会主席に就任した。

質問者

綾織次郎《あやおりじろう》（幸福の科学常務理事 兼《けん》 総合誌編集局長 兼「ザ・リバティ」編集長
兼 ＨＳＵ〔ハッピー・サイエンス・ユニバーシティ〕講師）

釈量子《しゃくりょうこ》（幸福実現党党首）

藤井幹久《ふじいもとひさ》（幸福の科学宗務《しゅうむ》本部特命担当国際政治局長〔参事〕）

［質問順。役職は収録時点のもの］

1　香港《ホンコン》と台湾《たいわん》に迫《せま》る「恐怖《きょうふ》の支配」

習近平《しゅうきんぺい》氏の守護霊に、潜在《せんざい》意識の方針を訊《き》く

大川隆法　では、時間の都合《つごう》もありますから、やってみますね。

綾織　よろしくお願いします。

大川隆法　それでは、まず、弾圧《だんあつ》側である習近平《しゅうきんぺい》・中国国家主席の守護霊をお呼びしたいと思います。

（深く息を吸う）中国国家主席・習近平氏の守護霊よ。

中国国家主席・習近平氏の守護霊よ。

どうぞ、幸福の科学総合本部に降りたまいて、現在の香港デモについてのお考え等、本心を明かしたまえ。

習近平国家主席の守護霊よ。

幸福の科学総合本部に降りたまいて、日本国民や世界の人々に、その本心を明かしたまえ。お願いします。

（約十秒間の沈黙《ちんもく》）

「十月一日までに」「台湾《たいわん》総統選の前に」と言及《げんきゅう》

習近平守護霊　ああ、うーん……。（公開霊言《れいげん》を）何度もやるねえ。いやあ。

綾織　いつも重要なタイミングでお出《い》でいただきまして、まことにありがとうございます。

習近平守護霊　しつこいね。

綾織　今、世界中が香港《ホンコン》に目を向けておりますので、やはり、ここは、習近平国家主席の守護霊様のご意見をお伺《うかが》いして、今後、私たちがどう考えていけばいいのかの参考にさせていただければと思っています。

習近平守護霊　いや、私はもう関係ないんで。香港の行政長官がやる仕事、下々《しもじも》の仕事なんで、私は特に何も関係ないですよ。

綾織　世界の指導者も、メディアも、そういうふうには見ていないと思います。

日本で開催されたＧ20大阪サミットに出席する習近平国家主席（2019年6月28日）。

習近平守護霊　ふうーん。そらあ、買いかぶりだな。もう国が大きいからね、そういうのをいちいち見ていられないいんだよな、うん。「（建国七十周年の）十月一日までには、〝お掃除《そうじ》〟しておくように」と言うぐらいしか、その程度の大まかな指示しか出せないいんです。国家主席ですからね。

綾織　はい。それは明確な指示ですね。

習近平守護霊　うーん。

綾織　では、（幸福実現党の）釈（量子）党首が、香港から帰ってきたばかりですので。

習近平守護霊　うん？　行ってきたの？　何しに行ったの？

釈　八月三十一日のデモや、キリスト教の賛美歌《さんびか》「Sing《シング》 Hallelujah《ハレルヤ》 To《トゥ》 The《ザ》 Lord《ロード》」を歌うという集会も見てきたんですけれども、ちょっと、中国の圧力が、やばいことになってきているんじゃないでしょうか。

習近平守護霊　うーん……。

釈　香港の方々はみんな団結していて、はっきり言って、恐怖《きょうふ》を感じているような雰囲気《ふんいき》が全然なくて、価値観としては、「自由を護《まも》る」ということで、一体感というか、連帯感がかなり出ておりましたので、これは、かなり世界に対するインパクトは大きいなというのを感じたんです。

習近平守護霊　うーん。

釈　今、デモをどう見ておられますか。

習近平守護霊　千人ぐらいは逮捕《たいほ》したらしいけど、収容能力があるからね。香港の警察に収容できる人数には限界があるから、あとは中国本土に引っ張っていくしかないわな、捕《つか》まえたやつを。そうしたら、収容するところはいっぱいあるからさあ。

釈　先ほど、「十月一日までに片付けろ」という……。

習近平守護霊　〝お掃除〟な。

釈　「〝お掃除〟をせよ」と。これは、指示を出していらっしゃるということですね？

習近平守護霊　まあ、そういうことだろうな。十月一日までには、やっぱり、ちゃんと晴れ晴れしいパレードができるような感じにはしたいですな。

釈　今回の国慶節《こっけいせつ》は、建国七十周年という、ある意味で、中国にとっては非常に面子《メンツ》のかかった日です。

ただ、キャリー・ラム（林鄭月娥《りんていげつが》）行政長官は、「十月一日までにデモを収束させるというようなタイムリミットは考えていない」ということを、地元の企業家《きぎょうか》たちとの会合のなかで発言しているようなんですが、中央としては、十月一日までというのは、一つの大きな区切りなんですよね？

習近平守護霊　そらあ、来年（二〇二〇年）の春が、台湾《たいわん》のあれじゃなかったたっけ？　総統選が……。

綾織　一月にあります。

習近平守護霊　なあ？　来年だよな？　だから、その前に片付けなければ影響《えいきょう》が出るでしょう、あっちに。台湾のほうに。

綾織　それは、台湾で自分たちが……。

習近平守護霊　だから、中国に歯向かったらどうなるかを見せつけたら、台湾の総統が誰《だれ》になるかは変わるでしょうからね。

釈　ということは、軍の介入《かいにゅう》があるという方向で、今、動いているということですね？

習近平守護霊　いや、私はね、中国全土をマネジメントしている立場だから、そういう細《こま》かいことは知らないけどね。すでに（人民解放軍が香港の）周りに集結しているっていうことはね、現地の判断で「ゴー」は出るようにはなっているということだよな。

綾織　うーん。

習近平守護霊　細かいことは知らんよ。「何人投入して、どのくらい捕まえて、どのくらい殺すか」っていうような、そこまで私は指示していないよ。ただ、「制圧せよ」ということは言うわな。

「香港《ホンコン》長官は、辞《や》めるぐらいなら撃《う》ち殺されるほうが……」

藤井　今日あたりのニュースなんですけれども、香港《ホンコン》の行政長官のキャリー・ラムさんは、先週あたりの非公式の会合で、「辞《や》められるものなら辞めたい」みたいなことを言ったということが、今、報道で流れ始めています。要するに、体制側というか、共産党側も、一枚岩ではなくてけっこう足並みが乱れ始めているのではないかと感じるのですが。

習近平守護霊　それは、彼女だって寝泊《ねと》まりしなきゃいかんからさ、そんなデモ隊にいつも狙《ねら》われていたら、たまったものではないでしょう。香港なんか、隠《かく》れる場所はないからね。そりゃあ、デモ隊が千人も来たら、どんなところでも乗り越《こ》えられるからさ、ブロックできないわな。そういう恐怖心もあるだろう。

藤井　それから、台湾についても、今年（二〇一九年）の一月二日に（習近平氏が）台湾政策を発表したら、もともと蔡英文《さいえいぶん》総統の支持率はそんなに高くなかったのに、対中国で頑張《がんば》らなければいけないということで、急に勢いづいてきました。

習近平守護霊　これは、潰《つぶ》さないといかんな。それを潰さないといかんので。

藤井　要するに、習近平さんがされることが、裏目に出ているような流れに、今、入っているのではないかと見えるわけです。

習近平守護霊　うーん……。

藤井　国際社会は、そのように見ていると思います。

習近平守護霊　いやあ、われわれから見りゃ、「蟻一匹《ありいっぴき》」ですからね。だから、そんなに大きな問題じゃないんで。もっともっと、ほかの国との摩擦《まさつ》を乗り越えて、〝中国の平和〟を世界に広げなきゃいけないからね。

藤井　香港を弾圧した場合、台湾でも、自由を護ろうというほうに、やはり勢いが出てくる要素はあります。

習近平守護霊　キャリー・ラム行政長官は、辞めるぐらいでしたら、デモ隊に扮《ふん》した偽《にせ》警官に撃《う》ち殺されるほうが、ありがたいな。

釈　やはり、〝偽警官〟なんですか。現地では、「香港警察は、もうほぼ軍人で、中国共産党の人民解放軍が送り込《こ》まれている」と認識しているようです。やはり、そういうことなんですね。

習近平守護霊　いちおう破壊《はかい》活動とかは、けっこうやっていると思うよ、警官がね。

七万人の人民解放軍がすでに展開か

釈　香港のなかにも、すでに人民解放軍の駐屯地《ちゅうとんち》があります。大きなビルがありまして、私も見てきましたが、もうすでに七万人の解放軍が入っているという説もあって、いつでも何でもできるような状態にもうなっているということです。

習近平守護霊　だから、香港の長官が、もし「辞めたい」とか言うなら、民主的に辞められるのはまずいから、辞められるぐらいならデモ隊に殺されるほうがありがたいんだけどな。

釈　ああ。

習近平守護霊　そうしたら、軍が正式に介入しても、国際世論《せろん》は納得《なっとく》するから。

釈　そうした〝自作自演〟も考えているということですね？

習近平守護霊　まあ、ないとは言えない。流れ弾《だま》とかいっぱいあるから、それは分からんわね。

綾織　キャリー・ラムさんから、北京《ペキン》政府に対して、「逃亡犯《とうぼうはん》条例改正案について撤回《てっかい》したい」という提案があったが、それを北京政府が拒否《きょひ》したという報道が出ています。

習近平守護霊　撤回したら、彼女自身が中国本土で処刑《しょけい》されることになるわな。

綾織　ああ。そういうことをおっしゃったわけですね？

習近平守護霊　うーん。そういうことですわね。

綾織　なるほど。

習近平守護霊　彼女自身を処刑せざるをえないわな。まあ、〝病死〟かもしれないけどね。

ウイグルなどに飛び火する恐《おそ》れがあるから「踏《ふ》み潰《つぶ》す」

綾織　うーん。今後の流れとしては、「十月一日までに〝お掃除〟する」ということですけれども、デモ自体は禁止している状態で、今後も認めないということだと思いますが。

習近平守護霊　そんなの、日本だって一緒《いっしょ》だよ。日本だって、二百分の一ぐらいの人口……、日本の二百分の一といったらどのぐらいになるんだ？　うん？　五十万ぐらいか？

綾織　そうですね。

習近平守護霊　うん。五十万ぐらいが、「独立する」と言って暴《あば》れているような感じ。

綾織　「独立」とまでは、明確には言っていないと思いますが、「普通《ふつう》選挙」というところまでは言っていると思います。

習近平守護霊　まあ、「独立」と一緒だよ、そらあな。

綾織　ああ、そういう考えなんですね。

習近平守護霊　うん、うん。「私の命令に従わない部分ができる」っていうことは、そこが〝独立〟したのと一緒だ。これは、チベット、ウイグル、内モンゴルに〝飛び火〟する恐《おそ》れがありますから、次は。

綾織　そういう全体を考えておられるということですね。

習近平守護霊　ここで負けると、そのあと全部行ってしまい、外国メディア等も報道の対象に入るから、あっさりと、これは踏《ふ》み潰《つぶ》す必要はありますね。

綾織　デモを禁止しても、その後も散発的にいろいろなデモは起こってくると思うんですけれども、それを武力で鎮圧《ちんあつ》するというかたちになるんですか?

習近平守護霊　逃《に》げ場がないからね、彼らの弱点はね。

綾織　ほお。

習近平守護霊　半島の先っちょにいるけど、あとはもう海に逃げるしかないから、泳いでいくしかないんで。攻め寄《せ》せられたら、もう、海に次々飛び込むしかないんで、あとは、〝フカヒレの材料〟になるしかないわなあ。

綾織　そういうかたちで鎮圧した場合に、もう香港がビジネスの場としては機能しなくなると思います。

習近平守護霊　いや、そこまでもう見通して、中国本土のほうで、そういう「金融《きんゆう》都市」はつくるつもりである。（その計画が）南部のほうで動いているので、香港が潰れてもいいし、ゴーストタウンでも構わない。

綾織　それはイコール、先ほど懸念《けねん》されていたような、台湾にダイレクトに影響を与《あた》えて、「もう中国とはやっていけない。中国に呑《の》み込まれたくない」ということになると思います。

習近平守護霊　そんなことはないよ。やっぱり、マキャヴェリ先生のおっしゃるとおり、「恐怖《きょうふ》こそ、支配者のいちばんの道具」であって。

「恐怖《きょうふ》こそ、支配者のいちばんの道具」

綾織　それは、ご自身ではそう思われるのでしょうが……。

習近平守護霊　おだてたり、自由を認めたりして、寛容《かんよう》であることを見せたところで、徳なんかじゃ人は言うことをきかないですよ。「恐怖」ですよ、最後は。

綾織　むしろ、その恐怖によって、結局は、台湾の方々が自由を求めるという流れが出てくるわけです。

習近平守護霊　台湾だって、逃げ場がないんだから（笑）、そりゃあないよ。

だから、どの程度の時間で香港を制圧できるかをお見せして、台湾がどの程度もつかを、彼らに計算できるようにさせてあげようとは思っています。

綾織　台湾の方々もそうですし、世界各国のリーダーからも、「中国は共存できるような国ではない」ということになると思います。

次は「中国・台湾省《たいわんしょう》」、フィリピン、ベトナム、タイまで

習近平守護霊　いや、そんなことはない。だから、〝香港の処理の仕方〟を見せて、〝台湾《たいわん》の眼鏡《めがね》のおばちゃん（蔡英文氏）〟が、また総統になるようなことがあったら、どの程度で台湾が片付けられるか。

まあ、台湾を片付けないと、南シナ海その他、フィリピンとか、ベトナムとか、あの周辺を制圧するのに手間《てま》取りますからね。

綾織　「台湾を片付ける」というのは、どういうことを指しているんですか。

習近平守護霊　え？　それは、「台湾省にする」っていうことですよ。

綾織　台湾を？

習近平守護霊　中国の台湾省。

綾織　中国の台湾省？

習近平守護霊　そう。

綾織　それは、併合《へいごう》ということですね。

習近平守護霊　だって、あと、フィリピン、ベトナム、タイあたりまでは、当然視野に入っているので。そのために飛行基地をつくってるんじゃないの、（南シナ海を）埋《う》め立てて。あそこから爆撃《ばくげき》するところは、どこがあると思ってるの？

綾織　どの時点で、その台湾の併合というのを考えているんですか。まあ、来年一月は総統選挙ですけれども、この時点で、何か決定的なことを起こすのでしょうか。

習近平守護霊　（東京）オリンピックがあるから、まあ、オリンピックに参加できないようなのは、ちょっと不名誉《ふめいよ》かもしれないから、そのへんは調整するが、二〇二一年ぐらいまでには、台湾は取らなきゃいけないわな。

綾織　では、来年の選挙に影響を与えて、いわゆる親中派を……。

習近平守護霊　親中派（の総統）だったら、もう完全に取れるだろう、二年もあればば。

綾織　親中派の場合、その併合の部分を合意させて、台湾省という一つの省にすると。

習近平守護霊　中国から観光客が来て、台湾経済が潤《うるお》って、台湾からも中国への投資ができてね、お互《たが》いに逃げられない関係になるっていうことは、素晴《すば》らしいことではないか。

綾織　親中派が総統選で勝たなかった場合は、武力を使うことになりますか。

習近平守護霊　それは、ミサイルを十万発ぐらい撃ち込むぐらいのことはやるだろうよ。

2　二〇二〇年の米大統領選でトランプを「落とす」

「台湾《たいわん》に武器を売却《ばいきゃく》したトランプは世界の顰蹙《ひんしゅく》を買った」と主張

藤井　この香港《ホンコン》の問題も台湾《たいわん》の問題も両方とも、結局、米中関係で決まるようなところもあるかなと。

習近平守護霊　米中関係。うん。

藤井　今、貿易戦争が着々と、トランプ大統領が当初言っていたとおりに進行中で……。

習近平守護霊　いや、つまらんことをやっとるねえ。

藤井　香港のデモも、かなりアメリカの資金が入っていたりとか、いろいろな動きが絡《から》んでいるのではないかと言われています。

習近平守護霊　トランプはね、北朝鮮《きたちょうせん》と交渉《こうしょう》して決裂《けつれつ》したら、攻撃《こうげき》するぐらいやるかと思ったら、「米韓《べいかん》合同演習は、俺《おれ》だってもうやりたくねえんだ。金がかかるし」みたいなことを言っているからさ、弱腰《よわごし》だなと思って。

あんな北朝鮮あたりで、「原爆《げんばく》と水爆も持っているから、もうほんとは戦いたくないんだ」っていうことであれば、「中国なんかには、とてもじゃないけど手が出せない」ということを認めたのと一緒《いっしょ》だわな。香港で事を起こせば、それは、中国と軍事的対決になりますからね。

「経済の戦い」は、トランプは世界の嫌《きら》われもんだからさあ、やればやるほどアメリカが孤立《こりつ》していくんじゃないかね。〝世界の孤児〟になっていく感じがするな。

藤井　台湾に対しても、トランプ政権は武器を売却《ばいきゃく》したりして、いまだかつてないほど積極的です。

習近平守護霊　だから、すごい顰蹙《ひんしゅく》を買っているでしょ？　武器売却なんて、今の時期にそういうことをするというのは。

綾織　それは中国からだけです。

習近平守護霊　世界平和を愛するオバマさんなら、そういうことはしなかっただろう、たぶん。

綾織　台湾への武器売却は、ある程度、世界中が支持していますけれども。

習近平守護霊　うーん。

綾織　先ほどの、米中の貿易戦争のところですけれども、非常に影響《えいきょう》が出ていまして、マイナス成長になっているのでは……。

習近平守護霊　まあ、いいよ。来年かな、もう。（アメリカ）大統領選？

綾織　はい、大統領選は十一月です。

習近平守護霊　トランプを落とすための包囲網《ほういもう》を、今どんどんつくってるので。

綾織　おお。

習近平守護霊　仕込《しこ》みをかけているから大丈夫《だいじょうぶ》です。落とします。

綾織　「落とせる」と？

習近平守護霊　落としますから。

釈　「落とす」というのは？

習近平守護霊　民主党政権に変えますから。そのくらいの力はありますよ。

釈　具体的には？

綾織　選挙に介入《かいにゅう》するということなんですか。

習近平守護霊　うん、それはそうですよ。反トランプの陣営《じんえい》にも金を流していますし、行動もしていますから。

綾織　マスコミも、影響下にあるところがありますね。台湾《たいわん》でも高雄《たかお》市長を「入れ替《か》えた」

習近平守護霊　台湾《たいわん》だけじゃないんで。まあ、台湾も介入していますけどね。

綾織　はい。

習近平守護霊　だから、高雄《たかお》市長とか入れ替《か》えたしね。だから、アメリカにもやります。中国の力は、そこまでもう大きくなってるのよ。

綾織　なるほど。一方で、「貿易戦争」のところでは、足元の経済がガタガタになって、マイナス成長になり、元《げん》も暴落するのではないかというところまで来ています。さらには、インフレが起きてきて、国民の共産党支持も非常に危ない状態になっているようです。このへんは、やはり、追い詰められているところがありますよね。

習近平守護霊　いや、そんなことはない。アメリカがもうすぐ世界から孤立してね、「もう、いかなる世界の紛争《ふんそう》にもかかわらない」みたいなことを宣言すると思うな。「モンロー宣言」みたいなものを、もう一回やるんじゃないかな。

●モンロー宣言　1823年、アメリカ合衆国の第5代大統領ジェームズ・モンローが、基本的外交方針の一つとして、ヨーロッパ大陸と南北アメリカ大陸の相互不干渉を主張し、その立場を明確にしたことをいう。モンロー主義とも言う。

綾織　中国に対しては、アメリカはやり続けると思います。

習近平守護霊　いや、でも、トランプの時期がもうすぐ終わるからね。だから、やり続けるっていっても、もうちょっとだから、あと一年も持ち堪《こた》えりゃいいんで。

藤井　ただ、実際、アメリカの大統領選の見通しでも、民主党のほうにあまり有力な候補がいないということがあります。プラス、トランプ政権の経済政策がうまくいって、もう圧倒《あっとう》的にトランプ有利じゃないかと言われ、死角《しかく》があまり見られない状況《じょうきょう》になっています。

習近平守護霊　ちょっとはよかったけど、何か、中国と「経済戦争」、「貿易戦争」を始めて、今、アメリカの成長率が急速に落ち込んでいるからね。

こちらはまだね、落ち込んだっていっても六・何パーセントの成長率ですけど。

綾織　いや、それは怪《あや》しいです。

習近平守護霊　向こう（アメリカ）は、一・何パーセントまで今、落ち込もうとしているからね。これは危ないわなあ。

藤井　いや、アメリカのダメージより、中国のほうにダメージが大きく出ているのではないですか。最近、元《げん》のレートを、元安誘導《げんやすゆうどう》しようとしているというのもあって、これがちょっと危険な兆候ではないかと見えるわけですけれども。

習近平守護霊　その場合は、ちょっと今、韓国から日本に行く観光客が減ってきて、日本の旅館が悲鳴を上げているらしいけど、まあ、中国人の観光客が行かなくなったら、日本は冷えるだろうなあ。

綾織　それも覚悟《かくご》しながら、私たちはやっていかなければいけないと思います。ただ、地上の主席がおっしゃっていることは、米中の貿易戦争を想定しての話ですが、「長期戦でやらないといかんのだ。耐《た》えないといけないいんだ」ということをおっしゃっています。そういう非常に苦しい話を、いろいろなところで演説されています。

貿易戦争について本心ではどう思っている？

習近平守護霊　〝厳しめ〟に言ってるだけよ。もう数年で、アメリカ経済を追い抜《ぬ》くからさ。そこまで、ほんとは耐えなきゃいけないのよ。それまで、上手にやらなきゃいけないからさ。その前に挫折《ざせつ》させようとして、向こうは急に奮起《ふんき》してきてるんだろ？

綾織　結局、トランプさんがいるかぎりは苦しいわけですよね。

習近平守護霊　いや、トランプは、国民から追い出される可能性があるからさ。

綾織　まあ、その可能性もありますけれども。

習近平守護霊　うん。

綾織　「何とか、トランプ政権をやり過ごしたい。耐えないといけない」ということですね。

習近平守護霊　アメリカの知識人は、反トランプだもんな。

綾織　それはそうですね。

習近平守護霊　トランプの名を冠《かん》したものは全部売れないしさ。
だから、先はもう見えている。要は、関税をかけても、その関税は、アメリカ人のバイヤーっていうか、その顧客《こきゃく》が、結局、高いものを買わされることになって、損をしているということが、アメリカ人にも分かってき始めたからね、今。結局、高いものを買わされているだけで、それは、「アメリカに対する増税と一緒だ」ということを、アメリカ人も分かってきているから、もう、そう長くはもたないよ。

釈　中国国内のほうでも、アメリカとの「関税戦争」の流れのなかで、庶民《しょみん》の台所を直撃したような状況で、食品の価格がどんどん上がったりして、かなり政府に対する不満も上がってきていますよね。天安門《てんあんもん》事件のときも、豚肉《ぶたにく》が高騰《こうとう》して食べられないというような不満が民主化運動につながったという話もあります。国内の足元のほうは、全然問題ないと見ていらっしゃるのでしょうか。

習近平守護霊　中国には「庶民」なんていませんから、別に。中国人は全部、国家公務員みたいなものなんで、庶民なんていません。君たちの国とは違《ちが》うんで。

3　非常に古い、その政治・人権感覚

「世界に〝中国型民主主義〟を広げる」

綾織　ちょっと話が戻《もど》りまして、香港《ホンコン》のところなのですが、先週の金曜日（八月三十日）にデモの参加者、あるいは、民主派のリーダーを逮捕《たいほ》しました。

習近平守護霊　うん。

綾織　そのなかに、アグネス・チョウさんや、ジョシュア・ウォン（黄之鋒《こうしほう》）さんなどがいらっしゃるのですが、これは、あなたから指示が出ているものですか。

習近平守護霊　いや、私はそんなのは関係ありませんよ。ただ、何て言うの、一日もたたずに釈放《しゃくほう》するっていうのは、ずいぶん軟弱《なんじゃく》だし、向こうも、何か保釈金を払《はら》って出てくるっていうのも弱気だし。

そして、「翌日のデモは、最大級のをやる」と言っていたのが、もう、〝パラパラのデモ〟になったし、「弱いな」と見ておる。

釈　全然、パラパラのデモではなかったですよ。

習近平守護霊　パラッパラですよ。

釈　パラッパラではなかったですよ。

習近平守護霊　だって、二百万を超《こ》えるようなのを目指していたのが、主要な二人を逮捕したら、あっという間に弱気になっちゃった。

釈　かなり認識がズレておられるんだと思うんですけれども。

習近平守護霊　国内報道しないもんでねえ、あまり。よく分からんが。

釈　もう、「どこから人が出てくるんだろう」というぐらい、とめどなく香港の街中はデモに参加する人で溢《あふ》れておりまして……。

習近平守護霊　狭《せま》いからね。

釈　もう、大人も子供も、学校の先生も、生徒も、中学生から高校生まで全部立ち上がっているのを、世界中が注目していて、完全に、中国共産党の圧力に世界中が気づき始めている流れができてきているんです。何かボーッとしていらっしゃるのではないかなという気も、ちょっとするんですけど。

習近平守護霊　中国共産党は〝民主主義の旗手《きしゅ》〟なんですよ。中心なんですよね。で、世界を〝中国型民主主義〟で広げようとしてるだけだ。

釈　では、その〝民主主義〟というのは何ですか。

習近平守護霊　だからね、アメリカみたいな悪賢《わるがしこ》いやつがぼろ儲《もう》けするような世界をなくして、みんな、清く正しく平等に豊かになろうと、今、してるんじゃないか。

綾織　中国は平等ではないですよね？

習近平守護霊　平等の国ですよ。

綾織　最も格差の大きい国の一つではあります。

習近平守護霊　いや、いや、いや。そんなのは、誰《だれ》かがデマを流してるだけですよ。

若い世代を「一網打尽《いちもうだじん》にして、ウイグルに連れて行く」

釈　（香港では）特に若い世代が、中国共産党を、全然、怖《こわ》く思わなくなっているんですよね。

習近平守護霊　知らない。そんなことはない。

釈　「デモシスト（香港衆志《しゅうし》）」という新しい政党を、ジョシュア・ウォンさんやアグネス・チョウさんなどがつくっていますけれども、ああいう若い世代は、全然、考え方が日本とは違《ちが》って、中国に洗脳されていないんですよね。こういう若い世代に対しては、何かコメントはありますか。

習近平守護霊　まあ、一網打尽《いちもうだじん》にするしかないですな。いや、もう、「去る者は日々に疎《うと》し」ですよ。一網打尽にして、日の目を見ないようにしたら、それで終わりですから。

釈　その姿勢が、世界中から非常に嫌《いや》がられていることには、お気づきにならないのですか。

習近平守護霊　〝しょっぴいて〟ウイグルに連れて行ったら、それで終わりじゃん。ウイグル人のなかに入れちゃったら分からないよ。

釈　今や、そのウイグルも、もう世界中から注視されているのです。

習近平守護霊　今、（ウイグルの収容所に）二百万人もいるから大丈夫《だいじょうぶ》。そのなかに入れたら分からないよ、もう。

綾織　客観的な世界の見方からいくと、香港自体が、すでに、中国共産党政権に対する「反体制派」になっていると思うんですよね。

習近平守護霊　いやあ、じゃあ、「革命」までやる気があるのかどうか、今、度胸《どきょう》を試《ため》されてるんじゃん。デモだけで潰《つぶ》せるわけないでしょう、中国の本国を。デモで潰せるわけがないじゃないですか。そんなの法律で、もう禁止してるんですから、今。

釈　平和的な民主化デモが認められなくなってきています。それでも、さまざまな動きがありますし……。

習近平守護霊　だから、「革命」しかないよ。「革命」をやるんだったら、武力が必要ですよ。武力を持ってるのは「警察」と「軍隊」のほうなんで。彼らには武力はないんで。

「民主化を考える〝ネズミ〟は出ていけ。そうすれば〝平和〟に」

釈　確かに、武力は全然ありません。

習近平守護霊　うん。だから、殲滅《せんめつ》できるんだ。

釈　はい。悲しいほど非力な人たちではあるように見えるのです。ところが、その武力のない人たちが、ある意味で、世界中に革命の火を点《つ》けているような感じになっていますよね。

習近平守護霊　いや、「助けてくれ」って言ってるだけでしょ？　「助けてくれ」って。だから、潔《いさぎよ》くないよ。「助けてくれ」なんて言わずに、さっさと死ねっていうんだよ。

釈　いや、実際、アメリカのほうでは、議会のほうでも、「香港をサポートしないといけない」という動きが明確に出てきています。

それから、イギリスのほうでも、一九九七年の返還《へんかん》のときまでは、中国民族ではあるけれども香港人だった人たちは、イギリスのパスポートを持つことができる仕組みがありました。そのように、今、「香港人にイギリス本土の国籍《こくせき》を与《あた》えよう」

という話が出てきています。

世界中が、「香港を助けよう」という動きに、今、なってきています。

習近平守護霊　いや、それは、だからねえ、「香港から移民がいっぱい出る」っていうことだよ。出たらいいよ。日本も移民を引き受けたらいいよ。〝悪いやつ〟は、みんな脱出《だっしゅつ》してくれたらいいんだよ。

そうしたら、〝平和な商業都市〟ができるからさ。それでいいんだよ。脱出したいんだ。百万人ぐらい出たらいいんじゃない？　移民したら。

人口、余ってるんで、本当に。そしたら、ほかのところから、ドーッと大量に入《い》れるから。

綾織　今おっしゃっていることは、まさに、「第二の『天安門《てんあんもん》事件』が香港で起きる」ということだと思うのですけれども。

習近平守護霊　いや、起きないかもしれないんだよ。だから、先に〝ネズミ〟が逃《に》げてくれれば、（香港は）海沿いだからね。もう、海沿いだから、飛び込《こ》みゃ死んじゃうからね。だから、脱出しかないんで。

綾織　武力を使った場合には、そうなるということだと思うのですけれども。そうなると、結局、天安門事件後に起こった、さまざまな国からの制裁が始まります。

習近平守護霊　乗り切ったじゃないか。うちは、ロシアみたいに下手《へた》じゃないから。

綾織　あれは、日本が悪いのですけれども。

習近平守護霊　ちゃんと乗り切ったじゃん。

綾織　それが、やはり、もう一回、起きてくるということですよね？　それで、今回は……。

習近平守護霊　いや、“天安門”なんかさあ、多く見積もったって、せいぜい、二千人から一万人ぐらいしか死んでないんだからさ。その程度で、そんなに言われる筋合《すじあ》いはないわ、何十年もたって。

綾織　香港でも、そういうことが起こりうるということですよね？

習近平守護霊　香港なんか、一万人ぐらい一日で死んじゃいますよ、それは。

「国民に自由を与《あた》える必要はない、全員公務員なんだから」

藤井　トランプ大統領は、「第二の天安門にならないように、人道的に解決しよう」というようなことを言っています。

習近平守護霊　いや、トランプが、それで、空母派遣《はけん》してまで、香港の沖《おき》に浮《う》かべるだけの自信があるなら、やったらいいよ。あれは〝商売人〟だから、商売ばっかり考えてるけど、いざとなったら全然やれやしねえんだから。やれるもんなら、やってみろよ。

藤井　ただ、実際、武力弾圧《だんあつ》を……。

習近平守護霊　空母を浮かべてみろよ。そしたら、その空母の甲板《かんぱん》を撃《う》ち抜《ぬ》くミサイルを、うち（中国）はつくってるからさ。撃ち込んでやるから。それは、〝自衛〟なんだから、こちらは当然ながら、主権を侵《おか》されたら撃ち込むよな。日本みたいにね、（竹島《たけしま》に）韓国《かんこく》の国会議員が六人上がってさ、それで旗振《ふ》ってワアワア言ってるのに、何にもできないで、「遺憾《いかん》である」しか言えない国とは全然違うのよ。

中国ならねえ、あんな韓国が、竹島に六人、国会議員を入れたら、もう、あそこにミサイルを撃ち込むんだから、バンボコ、バンボコ。当然ながら、そういう国なんで。一緒《いっしょ》じゃないから、君らとは。

釈　でも、実際、一緒ではないのは、天安門のときは、自由を知らない若者たちが立ち上がって、鎮圧《ちんあつ》されているのですけれども、香港の場合は、自由の空気を吸って育った人たちが、今、鎮圧されるかどうかというところなので、全然、状況《じょうきょう》が違いますよね？

習近平守護霊　でも、天安門の場合、あれも何カ月もやって、けっこう、しつこかったからね。短ければ〝あれ〟だったけど。我慢《がまん》してたはずですから、政府のほうはね。

それに、学生たちの味方をしようとするやつが、なかにいたからね、幹部のなかにね。それを失脚《しっきゃく》させてから、一気にけりをつけてるんで。

今、彼らの味方をしようとするような人はいないんで。もう、私の〝完全な独裁〟が、今、始まってますから。私に盾突《たてつ》けるような幹部は、今、中国共産党のなかにはいないので。

彼は……。

釈　胡耀邦《こようほう》と趙紫陽《ちょうしよう》です。

習近平守護霊　胡耀邦（と趙紫陽）か。学生を護《まも》ろうとして、天安門のときにな、いたけど、あれ（趙紫陽）が失脚したからね。そのあと、一気にやってるので。

釈　失脚させられたのですね。

習近平守護霊　うん。だけど、今は、失脚させるような人は、もういないんで。私の言うことをきかない人は、誰も残ってないから。

綾織　今は、毎日、声を潜《ひそ》めている状態だと思います。

習近平守護霊　ああ、だから、できるわけないじゃない。

綾織　共産党のなかにも、民主派はいます。

習近平守護霊　「彼らを護りたい。護る」っていう人が、もしね、〝中南海《ちゅうなんかい》（中華《ちゅうか》人民共和国政府のこと）〟から出てきたらさ、それは、彼らは活気づくだろうけどさ。「デモをやってるうちに、北京《ペキン》政府が変わるんじゃないか」とか、思うかもしれないけど、そういう可能性はゼロなんだよ。

釈　一九九七年以降、中国から香港のほうに、けっこう大量に人が移住しています。そして、「移住した中国人のなかにも、自由を知って、香港のデモに一緒に参加している」という人も増えています。

習近平守護霊　ああ、大丈夫ですわ。いつでも、何千万人でも送り込めますので。人口、余ってますから。

釈　要は、「自由」や「民主主義」をなめていらっしゃるのではないかなという気がするのですけれども。

習近平守護霊　「自由」なんて、与《あた》える必要はないでしょう、そんな。公務員には、自由はないんですよ。国家公務員なんで、中国人は全員。自由はないんですよ。法の下《もと》にね、行動するしかないんですよ。だから、法が禁じたらね、そういうデモなんか禁じたら、そのとおりに、きかなきゃいけないんです。

香港《ホンコン》、深圳《しんせん》などを合わせて大きな金融《きんゆう》・貿易都市圏《けん》を形成

綾織　香港《ホンコン》では、そういう鎮圧はできるのかもしれませんが、今、起こっていることというのは、これは素晴《すば》らしいことだと思うのですけれども、高速鉄道で、それこそ、上海《シャンハイ》や北京から香港まで行ける状態ですよね？　中国本土からたくさんの方が行っていて、観光客として、そうしたデモを実際に見たり、なかには、実際に参

加したりする人まで出てきているということです。

そういう意味では、香港で、言ってみれば、「反習近平」の声が上がっていて、それを見ている人、それに参加している人が、中国本土でたくさん出ているということですよね？

習近平守護霊　いや、いやあ、それは、目が小さいな。私が提案してるのはね、香港だけの金融《きんゆう》都市みたいなのじゃなくて、もっと大きなものを……。中国南部でね、「深圳《しんせん》、澳門《マカオ》、その他、合わせて、香港も入れて、大きな金融都市をつくって、国際的な貿易都市にしよう」っていう、大きな提案を出してるのにさあ。

香港の〝ちっちゃな集まり〟だけで頭がいっぱいの人たちは、いったん退去してもらう必要はあると思うんで。そうしないと、人を入れ替《か》えないと、考えが分からないようだから。

綾織　今、もう、中国から資金が逃げていますし、中国への投資も減っていますので、その金融都市は機能しないですよね。

習近平守護霊　うん、まあ、いいよ。だから、結局、移民って、イギリスに行くのと、アメリカに行くのと、台湾《たいわん》に行くのと、日本に行くぐらいしか、もう行く先がないんだろうから。行きたきゃ、「〝ネズミ〟は逃げたらいい」と思うけどさ。でも、入れ替えないと、ちょっと、「これは駄目《だめ》だ」と思ってるから、別に気にしてないよ。

釈　「入れ替え」と言いますけれども、中国に対する投資も香港が窓口になっていますから、その香港に、人民解放軍が入ったりなどしたら、もう当然、日本やアメリカなどの外国の投資は引き揚《あ》げていくようなかたちになります。

それから、香港にいる企業《きぎょう》等も、どんどん撤退《てったい》していくことになって、まさに、金の卵を産む鶏《にわとり》を潰すようなことになるのですけれども。

習近平守護霊　いや、しょうがないんですよ。だからもう、深圳のほうに、ちゃんと、その機能は移すことになってんだから。

釈　ただ、深圳や澳門などと、香港は全然違いますよね？

習近平守護霊　いや、だから、そういうふうに、香港より、もっと進んだ開発をするつもりでいるんで。そちらが代わりをしますから、構わないんです。香港からじゃなくって、やっぱり、中国の南部のほうから、直接、海外に、いろんな投資をしたり、投資を呼び込んだりするように持っていくつもりなんで。

こんなねえ、二百分の一（香港）の意見でねえ、百九十九（中国）が振り回されるようなことがあってはならないんですよ。そういうのは、大小を間違ってる。

アメリカの力を潜在意識《せんざい》で大きく見誤っている状況《じょうきょう》

藤井　「二百分の一」と言いますけれども、アメリカとの貿易関税問題がありますので、香港問題の対応を誤ると、本当に大変なことになるのではないでしょうか。今でさえ、中国は、かなり追い詰《つ》められているように見えるわけですが、実際はどうなのですか。

習近平守護霊　全然（笑）。
アメリカなんか、そんなの、農業国ですよ。「中国人民に買え」って言うのは、もう、ほとんど農産物ばっかりですから。「それに関税をかけられる」って言って怒《おこ》ってるぐらいでしょうから。農産物、「大豆買え」とかさ、そんなのだから、農業国ですよ、アメリカなんて。

〝後進国〟ですよ、中国から見りゃ本当に。

藤井　ただ、資本主義の経済は機能していまして。

習近平守護霊　ええっ？　だから、ほとんど工業なんか潰れて、もう、何か、「ラストベルト（錆《さ》びた地域）」とか言って、もう錆びついてんだよ。

釈　ちょっと何か……。

習近平守護霊　ええっ？

釈　すごく笑ってしまうくらい……。

習近平守護霊　うーん……。トヨタに負けて、もう、自動車工場なんか、なくなってんだから。失業者ばっかりなんだからさ。

釈　何か、大丈夫ですか？　私でさえ、ちょっと心配になってくるようなご見識で。

習近平守護霊　大規模農場だけが、アメリカの誇《ほこ》りなんだから、唯一《ゆいいつ》。

綾織　それは、ご自身が、そういう農家に留学というか、ホームステイされたからですよね？

習近平守護霊　留学、まあ、（アメリカの）中央部を見てきたよ、それはな。それは、すごいよ。それはね、なんと、プロペラ機でさ、「上空から消毒剤《しょうどくざい》を撒《ま》いて飛べる」っていうのは、すごい大きな農業だと思うよ。なかなか、ああいうふうにはなれんもんだと思うけど。

綾織　田舎《いなか》しか見られていないからだと思います。

習近平守護霊　農業国としては、それは進化してるとは思うよ。中国では、ヘリコプター代がもったいないからね。

釈　（苦笑）

藤井　いや、いや、例えば、トランプ大統領は、最近、中国を「為替《かわせ》操作国」に認定しましたが、むしろ、「中国のほうが〝原始的な国〟ではないか」というように、国際社会ではなっています。

習近平守護霊　トランプは、〝土建屋〟だろう？　〝土建屋〟に為替が分かるわけないじゃないか。

中国も、やってることは、ほとんど土建だから、今やってるのはさ。ビルを建てることしか仕事してないんで。

藤井　実際には、中国の指導部が経済が分からないので、今、こういう非常に危険な状態になっていると思うのですけれども。

釈　そうなのです。

習近平守護霊　全然、危険じゃない。

釈　中国の土建屋が建てたビルは、全部、不良債権《さいけん》になっていますよね？

習近平守護霊　いや、トランプは、勇気があったら、トランプビルとか、中国に建ててみりゃいいよ。すぐ強制接収《せっしゅう》できるんだから。（中国は）そういう強い国なんだから。

釈　（苦笑）いや、「それが、経済の繁栄《はんえい》とは真逆だ」ということが、お分かりにならないのでしょうか。

習近平守護霊　だから、ああいう国は間違ってんだって。「共和党」だの「民主党」だの知らんけどさ。民主党が政権を取ったら、トランプビルなんか接収すりゃいいわけよ。ほんと、国庫に奉納《ほうのう》させたらいいわけよ。

五十一年ぶりの税収減と高齢《こうれい》化に「穴を掘《ほ》って人を埋《う》めますから」

釈　もうすでに〝お笑い〟の世界に入っているような気が、少しするのですけれども……。

習近平守護霊　なんで、〝お笑い〟なの。これ、正しい考え方じゃないか。何を言ってんだ。

釈　これは、もう「終わり」ですね。

習近平守護霊　「終わり」じゃないって。「始まり」なんだ。何を言ってんだ。だから、世界は〝中国化〟するんだよ、これから。

釈　ええーっ（苦笑）。

習近平守護霊　世界は中国化……。だから、アジアは全部、〝中国化〟して、アフリカも〝中国化〟するんだよ。

藤井　やはり、この話を聴《き》く人は、「トランプ大統領のほうが一枚上手なのかな」と、おそらく思うと思うのですけれども。

習近平守護霊　そうか？　そうかねえ？

藤井　中国のほうが追い詰められている、と。

習近平守護霊　トランプさん、どんどん今、撤退中だよ。

釈　いや、ですから、それが分かっていないということですよ。トランプさんの頭のよさは……。

習近平守護霊　いや、韓国から退《ひ》いてるし、日本から退いてるし、「最大の貿易国の中国さえ敵に回そう」っていうか、もう最後の自滅寸前じゃん。

釈　いや、中国だって、五十一年ぶりに税収が減ってきています。これから、中国だって高齢《こうれい》化がものすごいと思うのですが、国内は大丈夫なのですか。

習近平守護霊　ああ、大丈夫ですよ。中国は、穴を掘《ほ》って人を埋《う》めますから。そんなの、問題ない。

日本とは違いますから。日本みたいな〝銭食《ぜにく》い虫〟の年寄りなんか、飼っとく余《よ》裕《ゆう》はありません。

「人権は間違《まちが》った西洋思想、そんなものは、ない」

釈　世界中、どこも「人権」ということには……。

習近平守護霊　そんなものは、ないんです。

釈　いや、中国だって、人権に目覚め始めていて……。

習近平守護霊　主権は、国家主席にしかないんで。

釈　いや、例えば、四川《しせん》のほうで大地震《おおじしん》がありましたけれども……。

習近平守護霊　いいじゃない？　死んだらいいじゃない？　人口が減って。

釈　地震で手抜き工事の小学校が潰れたりしましたが、あのあたりから、中国のなかでも人権に目覚める方は、かなり増えてきています。

習近平守護霊　ああ、それは間違《まちが》った西洋思想なんで、潰さなきゃいけません。

釈　「それを『危ない』と思わない主席の頭が危ない」と私は思っているのですけれども。

習近平守護霊　何言ってんだか。アメリカのエセ平等主義、「人間が平等だ」なんて、こんなの嘘じゃん。全然違うじゃん。「国家主席」とねえ、「香港の〝ネズミ〟」となあ、こんなの平等なわけないでしょう？　人間が。全然違うよ。

釈　何かもう、「致命《ちめい》的なくらい頭が悪い」という感じがするのですけれども。

習近平守護霊　何言ってるの。〝頭がいい〟んだよ。うん？　何言ってる。君らに、十四億人のねえ、国民を治めている〝帝王《ていおう》〟の気持ちが分かるかね？

釈　（苦笑）

習近平守護霊　ええ？　蟻《あり》んこにねえ、神様の気持ちが分かるかね？　うん？

釈　神様の気持ちがお分かりになっていますか。

習近平守護霊　私が〝神〟だから、それは分かるよ。

釈　ああ……。

習近平守護霊　私のように考えるはずだから。

釈　神様は、「そういう人が蟻んこだ」と言っているのです。

習近平守護霊　だから、十四億人いるのを、今、世界七十何億人にまで広げようとしてるところだから。EUは、もうすぐ、私たちの傘下《さんか》に入るからさ。

4 「日本は国がなくなるだろう」

中国経済の落ち込《こ》み度合いを根本的に見誤っている状態

釈　では、少し話の内容を変えまして、日本についてお伺《うかが》いしたいと思います。今年の十二月二十四日に、安倍《あべ》首相が中国のほうに行きまして、日中韓《にっちゅうかん》三カ国の首脳会議を行います。

習近平守護霊　なんで？　何しに来るんだね？

釈　前回、昨年の五月に北朝鮮《きたちょうせん》問題などを、日中韓で話し合って……。

習近平守護霊　別に話すことなんかないよ。

釈　そうなんだろうとは思います。

習近平守護霊　うん、うん。何もないよ。

釈　では、あまり、日本に対しては……。

習近平守護霊　うん？

綾織　（あなたは）日本との経済関係を強化して、何とか、経済を立て直そうとされているわけではないのですか。

習近平守護霊　ヘッ（笑）、日本なんか相手にしてないよ、何言ってんだ。世界を相手にしてやってるんで、今、われわれは。

綾織　うーん。それでいくと、今、中国国内は倒産《とうさん》が増えていますし。

習近平守護霊　だからねえ、中国がアメリカを貿易で締《し》め上げたら、アメリカは、その損した分を、日本に「買い上げろ」と言って迫《せま》るだけ。だから、日本は、そのうち、アメリカを嫌《きら》いになるからさ。「日米同盟」も終わりになるよ、もうすぐ。

綾織　今の客観的な状況《じょうきょう》から見ると、今まで、三十年間ぐらい、中国はアメリカで稼《かせ》いで何とかやってきました。ところが、現時点では、「もう、アメリカでのビジネスはかなり厳しくなっており、稼げなくなってきている」という状態ですよね？

習近平守護霊　いや、そんなことはない。もう、アラスカあたり、買おうかなと思ってるぐらいで。金が余ってるから。

綾織　まあ、アラスカを買うようなお金もない、と。

習近平守護霊　アラスカを買えばな、アラスカにミサイル基地を置けば、アメリカは震《ふる》え上がるんじゃないかと思うんだ。

綾織　お金がなくなってきて、国内にもお金が回らないし。

習近平守護霊　いやあ、あるよ。あってあってよ。

綾織　「一帯一路《いったいいちろ》」と言われているところも、お金が回らない。

習近平守護霊　あってあってなんよ。

綾織　いや、いや、ないんですよ、今。なくなっているんですよ。

釈　「人民元が、どんどん流出して、歯止めがかからない」という現実をご存じないということですか。

習近平守護霊　いや、いや、世界は中国を中心に回ってるんでね。だから、次は、人民元に変わって、習近平の肖像《しょうぞう》を刻んだやつを発行すりゃあいいんだよ。

綾織　でも、それは紙くずになりますよね（笑）。裏付けがありません。

習近平守護霊　いや、いや、いや、もう、中国は、電子マネーの世界に入ってるから、そんなもの、どうでもいいんだよ。

中国が「いい」と言や、いいんだよ。それは信用なんで。もう、これは、「主席が〝神〟である」ということが、すべての裏付けなんだ、信用の。

綾織　なるほど。その裏付けが、ほとんど信用できないので（笑）、かなり厳しいです。

習近平守護霊　いや、君たちは島国だから、考えが小さいからね、それは、しょうがないよ。世界から忘れられ、鎖国《さこく》したらいいんだよ、ちっちゃくな。

来年の国賓《こくひん》訪日は「皇室を存続させるかどうか下見に」

綾織　ちょっと日本のところについてなのですけれども、「来年、国賓《こくひん》で日本に来られる予定がある」と聞いています。
では、このときには、何を目的にされますか。

習近平守護霊　うーん、だから、「皇室を存続させるかどうか」、ちょっと下見に来る。

綾織　下見に来る？

習近平守護霊　うん。

釈　皇室ですか。

習近平守護霊　うん。下見に来るんだよ。こんなものを遺《のこ》しておくかどうかを、今、ちょっと考えてるところだから。

綾織　国賓ですので、当然、新しい天皇陛下《へいか》、皇后陛下に会われる、と？

習近平守護霊　うん。そう、そう。だから、ちょっと、その中身を見てみて……。

綾織　中身を見る？

習近平守護霊　うん。「ここの〝王制〟は、これで最後になるかならないか」を検分に来るんだよ。

綾織　それは、「服従《ふくじゅう》させる」という意味合いなんですか。

習近平守護霊　うん。だから、今、日本だって転覆《てんぷく》させようと思えばできるので。

釈　では、今、安倍首相が非常に長い時間、頑張《がんば》っていらっしゃるかたちになっていますけれども。

習近平守護霊　何にも。安倍首相なんて、実際、全国民から見りゃ半分の支持率もないはずだから。彼の支持率は二十パーセントぐらいしかありゃしないんで。こんな弱い首相とね、私と一緒《いっしょ》にするなよ。

釈　「ポスト安倍」に、どなたがふさわしいとお考えですか。

習近平守護霊　誰《だれ》もいないよ。

釈　誰もいない？

習近平守護霊　そーんなの、こんな〝村人たち〟って……。

釈　誰でもいい、と？

習近平守護霊　〝村の村長選挙〟なんか、まったく関心がない。

釈　これから、日本はオリンピック（二〇二〇年東京オリンピック）があるわけなのですけれども、中国としては、「その隙《すき》に、日本に仕掛《しか》けたい」と思っているようなことは、何かありますか。

習近平守護霊　うん、〝最後のオリンピック〟になるだろうね。国がなくなるだろうから。
だから、今は、香港《ホンコン》、台湾《たいわん》、そして、日本、ベトナム、フィリピン、このあたりは全部制圧して、グアムからハワイを取るころに、やっぱり、アメリカを一本、ぶん投げなきゃいけないよねえ。「中国とは、もう、戦って勝てない」ということを悟《さと》らせる必要がある。そのころには経済力が、アメリカの倍以上にはなってなきゃいけない。

綾織　うーん、そのへんは、客観的には、ちょっと違うと思うのですけれども。「玉城沖縄《たまきおきなわ》県知事は実にいい」「国際法は中国国内法と一緒《いっしょ》」

綾織　日本のところですが、沖縄《おきなわ》については、今、どのように見られていますか。

習近平守護霊　いや、いいんじゃない？　沖縄は「反日」で。いいんじゃない？

綾織　新しい知事として、玉城《たまき》（デニー）さんがいらっしゃいますけれども、「沖縄を一帯一路の入り口にしたい」ということを言っています。

習近平守護霊　うーん、いいんじゃない？　うーん、実にいいよ。

釈　今、狙《ねら》っている「一帯一路」についてですが、中国からの〝債務《さいむ》の罠《わな》〟で、「中国の言うとおりに融資《ゆうし》を受けていたのだけれども、そのあと、実質上の植民地にされてしまう」といったことが続いています。

ここについて日本では、黒田（東彦《はるひこ》）日銀総裁なども頑張っているところで、「中国の代わりに、日本が投資をしてあげよう」という動きがどんどん出てきます。

これに関しては、どう見ていますか。

習近平守護霊　フッフッ（笑）。ほんっとに頭が悪いねえ。遅行性《ちこう》というか、中国より何十年も遅《おく》れてるんじゃないか、ほんとに。中国のやったことを、ずーっとあとになって追いかけようとして。頭が悪い。

釈　中国のやっていることと、日本がやっていることは違いますよ。

習近平守護霊　君らは解説してるだけであってね。金がないから貸してやってんだろ？　返せなかったら、取られるのは当たり前じゃない。何の問題もない。

釈　それこそ、「ヤクザのやり方」ですよね。

習近平守護霊　国際法だよ。国際法だよ。

釈　国際法ではありません。それは、「ヤクザのやり方」です。

習近平守護霊　国際法ですよ。そんなもん、金を借りたら……、欲《ほ》しいから貸してやってるんで、向こうのニーズには応《こた》えてるんだ。返せないなら、接収《せっしゅう》されるのは当たり前じゃない、そんなの。中国は、「国内法」と「国際法」は一緒《いっしょ》なんだから。まったく変わらない。

5　対主要国の外交方針

対アメリカ——宇宙軍、5G《ファイブジー》通信網《つうしんもう》で中国は勝利する

綾織　先ほど、「アメリカが勝てないということを分からせてやる」といったようなお話もありましたが……。

習近平守護霊　分かっただろ？　うん？

綾織　今、トランプ大統領がやっていることというのは、「宇宙軍をつくる」とか、「サイバー関係も強化する」とか、あとは、「ミサイル」ですよね。今までは、「中《ちゅう》距離《きょり》ミサイルを持たない」ということだったのですが、ロシアとの条約を破棄《はき》して、

「ミサイルをつくる。そして、それは、基本的には中国向けに配備をする」ということです。

こうしたことを見ると、「アメリカは、中国のほうが強力だった部分を再建して、自分たちが中国を超《こ》えていくような力を持つ」ということをやっています。

習近平守護霊　だから、アメリカはもう後《おく》れを取ったんだよ。

綾織　まあ、そういう部分もありますね。

習近平守護霊　中国のほうが進んでるんだよ。中国に負けてることを、やっと自覚したんだよ。

綾織　部分的には、そうなのだと思います。

習近平守護霊　「何とか、中国に追いつけ、追い越《こ》せ」というのを国家目標にしてるんだよ。「宇宙軍」なんていうのは、こちらのほうが進んでるんだよ。

綾織　それはそうだと思いますね。

習近平守護霊　アメリカの人工衛星なんか、一気に、全部、落とすことができるのよ。人工衛星を落とされたら、アメリカのイージスシステムなんか全滅《ぜんめつ》なんだよ。だから、ミサイルなんか飛べやしないんだよ。戦いなくして終わっちゃうんだよ。もう、大統領選だって攪乱《かくらん》されてることさえ分からないんだから、アメリカもそうとう後れてるんだよ。

重要人物の電話記録なんか、全部、盗聴《とうちょう》されてるんだよ。それさえ分かんないんだからさ。

綾織　そのあたりが、「5G《ファイブジー》」といわれているところの狙《ねら》いですよね。華為技術《ファーウェイ》で世界を押さえて、情報を全部、押さえることを目的とされていたわけですよね？

習近平守護霊　もう、アメリカは終わったんで。もう、実質上、抜《ぬ》かれてるんで。あとは、かたちとして、この世的に抜かれることが目に見えてくるだけで、もうすでに終わってる。

綾織　でも、華為技術のところについても、「世界中から排除《はいじょ》していく」ということで、やっていますので。

習近平守護霊　無理だよ。十四億の経済圏《けん》をね、無視することはできません。企業《きぎょう》がグローバル化したことにより、中国に屈《くっ》することになったんで。

だから、それを護《まも》るために、一国主義に戻《もど》そうとしてるんだろ?　彼は、「十九世紀返り」しようとしてるんだから。

釈　対ロシア――ロシアは中国についてくるしか生き残る道はない?

では、プーチン大統領については、どのように認識していらっしゃるのか、教えていただけますか。

習近平守護霊　うーん、いざというときの「兵站《へいたん》の部分」と、「軍事的な協力部分」はあるだろうからな。

ロシアはEUが仮想敵になってるから。両方ね。EUもロシアが仮想敵になってる。

で、アメリカは、EUを崩《くず》しに入って、EUからイギリスを分離させようとしてるから。たぶん、アメリカ、カナダ、イギリスの三つぐらいの国で、〝ちっちゃい共同体〟をつくるつもりでいるんだろうけど、しょせん勝てやしないよ。
われわれは、EUも、アジア全体も、それから、アフリカも全部、呑《の》み込《こ》むつもりでいるんでね。ロシアは、中国についてくるしか、生き残る道はないだろうね。

釈　プーチン大統領は、かなりの親日家でいらっしゃって、習近平主席の前で、安《あ》倍《べ》首相に、「日露《にちろ》平和条約を結ぼう」と、ご自身から提案されたことがありました。

習近平守護霊　まだやるんだろ？　交渉《こうしょう》を長々とな。

釈　これについては、どのように見えますか。

習近平守護霊　つまらん人間たちの交渉なんか、関心がないんで。バカバカしくて。北方四島が欲《ほ》しいの？　それと、平和条約を結びたいの？　全然、一致《いっち》してないじゃない。

だからねえ、主権を持ってないのよ、国の代表者が。「主権が国民にある」なんて考えは間違《まちが》いなんだから、踏《ふ》み潰《つぶ》したほうがいいよ。そんなことで何ができるか。主権は、ただ一人が持っとるんだよ。それでいいんで。

天皇陛下《へいか》っていうのがお飾《かざ》りなのか？　安倍の二十パーセント台ぐらいの支持率で、国が運営できてるとは思えないんで、どの程度、力があるか、来年、検分して、潰せると思ったら、ここも全部、システムを崩壊《ほうかい》させてやるつもりでいるから。

対中東――ポイントは石油の供給

釈　イランとの関係は、どうでしょうか。

習近平守護霊　いろんな国があるから、産油国はどこでも、別にうちは構わないんだけどね。石油の供給さえできれば、別にいいんで。供給できなかったら、そこを攻《せ》めますから。攻めて取りますので、国ごと。それだけのことです。

釈　イスラエルに関しては、どうでしょう。武器の売却《ばいきゃく》で軍事的なつながりもあります。

習近平守護霊　小さいので、どうでもいいね。私の関心には入ってない。アメリカは、なぜか、娘婿《むすめむこ》がユダヤ教徒だとかいうんで肩入《かたい》れしてるみたいだけど、トランプさんは、ああいうような個人的なフレンドシップで物事を考える癖《くせ》があるから、あれは、頭が悪い証拠《しょうこ》だわ。基本的に、あれは村社会の考え方だな。うーん。頭が悪いんだ。

だから、グローバル社会では生き残れないね、ああいう頭脳の方は。

対カナダ・イタリア・ギリシャ・フランス

藤井　先ほど、カナダについても言及《げんきゅう》されましたけれども、中国系の移民も多い移民大国で、おそらく非常に関心を持っているかと思いますが。

習近平守護霊　カナダを侵略《しんりゃく》するために、今、考えてるよ。分断しなくちゃいけないから。

綾織　カナダを利用する？

習近平守護霊　あんなの、先進国じゃないじゃない。G7《ジーセブン》とかいったって、カナダとか、イタリアとか、もうほんと、〝落ちこぼれ〟じゃん、ただの。

●G7　G7とは、日本、アメリカ、イギリス、フランス、ドイツ、イタリア、カナダの7つの先進国のこと。1998年にロシアが加わりG8となったが、ウクライナ情勢を受けて資格停止となり、2014年以降はG7となっている。

綾織　カナダを利用して侵略をするということですか。

習近平守護霊　カナダも、着々と手は回してるよ、もちろん。

綾織　それは、アメリカに対する工作といったことですか。

習近平守護霊　アメリカの近くの国はねえ、やっぱり、仲間に入れたほうがいいからね。

あとは、イタリア、ギリシャは取れるし、次、フランスが落としやすいので、フランスを落とすつもりではいるけどね。

対インド――中国から見たら五百年後《おく》れている

釈　インドは、一帯一路構想《いったいいちろこうそう》を「自国への包囲網《ほういもう》」と見て、警戒《けいかい》を強めている状況《じょうきょう》です。

また、人口の面では、これから、インドが中国を抜くという予測もあるわけですが……。

習近平守護霊　抜いたって（笑）、あんな後進国、どうにもならないんじゃない？

釈　「本格的に対立する可能性はない」と考えているんですか。

習近平守護霊　小学校も行けないんだろう？　半分ぐらいは。

なんせ、牛糞《ぎゅうふん》をさ、家の壁《かべ》に貼《は》り付けて、太陽で乾《かわ》かして、それをエネルギーに換《か》えてる国だからさ。それはもう、まあ……、五百年ぐらい後《おく》れてるんじゃない？　中国から見たら。

対台湾《たいわん》――今の世代が生きているうちに併合《へいごう》

綾織　先ほど、台湾《たいわん》のところで気になる発言がありました。「候補者を入れ替《か》えた」というような話があったと思うんですけれども、これは、韓国瑜《かんこくゆ》さんのところだと思います。これは、やはり、国民党の候補者を替えて、韓国瑜さんを応援《おうえん》しているという理解でよいのでしょうか。

習近平守護霊　君らはね、日本は後れてるからさ、分かんないんだよ。われわれは、サイバー攻撃《こうげき》でやってるからさ。いろんなところで国民の世論《せろん》を変えさせてるので。

綾織　なるほど。サイバー攻撃で、さまざまなフェイクニュースがたくさん出てるというように言われていますけれども、それで世論を変えていった、と。

習近平守護霊　そうそう。日本もやられてんだけど、ちょっと、日本は影響力《えいきょうりょく》が少なくてな。後進国なんで、まだ。もうちょっと先進国になると、操作しやすいんだけどさ。

台湾をどう料理するか見物《みもの》だけど、君らが生きてるうちに見れるだろうからさ。台湾を料理したあとが君たちだからさ。

綾織　今年の三月、台北《タイペイ》で大川総裁の説法（「愛は憎《にく》しみを超えて」）が行われたとき、あなた（習近平氏守護霊）は、「講演をやめてくれ」とか言って、邪魔《じゃま》をしていました。

習近平守護霊　いやあ、そんなのは、下々《しもじも》がやってるから。

綾織　（苦笑）あれ？　ご自身だったと思うのですけれども。

藤井　講演会の当日に、習近平さん（の守護霊）が、「講演をやめるように」と言いに来られていました。

綾織　習近平さんは、「下々」なんですね？

習近平守護霊　いやあ、いやいや、実際にやってるのは下々の……。

綾織　いえいえ。すごく嫌《いや》がっていましたよ。

習近平守護霊　あんな、〝ちっさな講演会〟なんか、そんなの、「大中国」に何の影響もないわ。十四億だよ？　君たちは、千人足らずの講演会だよ、ホテルの。

綾織　そんな〝小さな講演会〟が嫌だったわけですね？

習近平守護霊　ええ？　日本語の講演で、まったく影響力ないよ。ゼロだよ、ほとんど。

綾織　そこで話される内容が嫌だったわけですよね？

習近平守護霊　まったく無駄《むだ》だ。まったくゼロだよね、影響力は。

綾織　それが台湾を護り、香港《ホンコン》を護り、中国を変えるから嫌だったわけですよね。

習近平守護霊　あんなちっこい出版社を持ってさ、北京《ペキン》で二人ぐらい従業員がいたのが、逃《に》げ出してさ、解散してしもうた。逃走《とうそう》したじゃないか。弱ーい。

綾織　いえいえ。そうとう嫌がっていましたよ。

習近平守護霊　フンッ。弱い。

藤井　十三分ほど、「やめろ」ということを言いに来られています。

習近平守護霊　私は、全世界に目を配ってるから、たまにはそういうこともあるけれども、あまりに多忙《たぼう》なため、そういうことは忘れるんですわ。

綾織　多忙ななかで、わざわざ来られるぐらいなので、「重要な仕事」だったわけですね？

習近平守護霊　全然、重要でも何でもない。

いやあ、参議院選で、ちゃんと、けじめをつけたじゃない。ねえ？　君たちは、票を減らし、〝絶滅〟寸前まで追い込まれてるんじゃない。ねえ？　ＮＨＫに反対する政党のほうが上なんだろう？

君ら、もう出番はないよ。

6 「西洋かぶれは、病気」

「民主化すると、統治能力が低減する」

綾織　以前、大川総裁が、「●香港《ホンコン》が頑張《がんば》れば、中国を民主化に持っていけるかもしれない。脳天逆《のうてんさか》さ落《お》としみたいに、投げ落とす感じになるかもしれない」といったことを言われています。やはり、こういうのが嫌《いや》なわけですよね？

習近平守護霊　無理無理。無理無理。リーダーを何人か殺せば終わりだよ。

綾織　いやいや、ジョシュア・ウォンさんも、「次々と出てくる。次々とリーダーも出てくる」というようなことを言っています。

●香港が……　2011年5月22日、香港にて、"The《ザ》 Fact《ファクト》 and《アンド》 The《ザ》 Truth《トゥルース》"（「事実」と「真実」）と題する英語講演を行い、香港の人々に対し、中国本土の改革の旗手となるよう呼びかけた。その後も折々に同様の発信がされている。『大川隆法 フィリピン・香港 巡錫《じゅんしゃく》の軌跡』『国際政治を見る眼』（共に幸福の科学出版刊）等参照。

習近平守護霊　殺すったって、別にねえ、殺人するわけじゃないよ。〝事故が起きる〟だけだからね。

綾織　まあ、そういうやり方をするのでしょうけれども。やはり、あの何百万人かのなかで、次々と、中国の民主化をやろうという人たちが出てきています。

習近平守護霊　「民主化」っていうのはね、われわれから見るとね、君らはいいように言うけど、われわれから見りゃ、「統治能力の低減」にしかすぎないんだよ、単なる。

釈　統治能力が低減してきているのは、中国のほうではないんでしょうか。

習近平守護霊　いや、君らの国だって、『キングダム』とか、そんなのが流行《はや》ってるんだろう？　「国を統一するっていうことは、どれほど大事なことか」を、君たちだって理解してるはずだ。

綾織　今、香港のデモで出てきている議論としては、もちろん、「香港の民主化」自体もあるのですが、「民主化を、中国に輸出しないといけないんだ」という議論にもなっています。

習近平守護霊　いや、要《い》らない、要らない。そんなことをするんだったら、上から原爆《げんばく》を落とすわ。七百万殺したら、そしたら消えるから。

綾織　それをやったら、中国も終わりだと思うのですけれども。

釈　民主化を求める動きが中国内部に飛び火しているような話は、香港でも出ていましたけれども。

習近平守護霊　いやあ、もう、うるさかったら、香港、ウイグル、チベット、内モンゴル、全部、原爆を落として、実験するよ。

藤井　「本当は、ご自身の立場のほうが危《あや》うくなりつつある」というのが、実際のところではないかと思われますが。

習近平守護霊　いやあ、「西洋かぶれっていうのは病気なんだ」っていうことを知らなきゃいけないんだ。病気なんだよ。西洋化した国は、みんな傾《かたむ》いていくんだよ。

習近平氏に諫言《かんげん》する人がおらず、まともな情報が入っていない様子

綾織　おそらく、今、周りには、側近《そっきん》中の側近しかいないので、ほとんど、まともな情報は入っていないんだと思います。都合《つごう》のいい情報だけが自分のところに来ているような状況《じょうきょう》ですよね？

習近平守護霊　いや、君らみたいな売れない雑誌をつくってるところに言われたくないな。

綾織　本当にかわいそうだと思います。

習近平守護霊　「売れない」っていう情報が手に入ってるんだから、もう。

綾織　まあ、それについては頑張りますけれども。

習近平守護霊　どんどん部数が減ってるそうじゃない。タダで情報配信してるから。

綾織　独裁者の悪い部分が明確に出てきていて、「もう足元が見えない」「何が起こっているか分からない」といった状態ですよね。

習近平守護霊　まあ、君たちの、幸福実現党だか、幸福の科学だか知らんが、香港に、いちおう、「日本は応援《おうえん》する」とか言っといて、まったく無力なことを証明して、結局、自滅《じめつ》するだけだよ。

綾織　いえいえ。やはり、台湾《たいわん》でのご説法《せっぽう》の内容を知った人たちが、香港で戦っていますので。たくさんの人たちが、大川総裁の説法を理解してやっています。

習近平守護霊　いや、日本国内で勝てない人が、外国へ行って、偉《えら》そうに言うんじゃねえよ。

釈　やはり、思想の戦いになってきますので。

習近平守護霊　カナダなんか、来るなよ！　そんなもん、余計だから。

綾織　ああ、カナダも、嫌なんですね？

習近平守護霊　カナダは、ビーバーとトナカイ以外、何もないんだから、来たってしょうがないだろうが！

綾織　カナダも自分たちのテリトリーにしたい？

習近平守護霊　「ビーバー」「トナカイ」「木材」ぐらいしかないんだからさ。あと、何もないんだから。

釈　「いちばん怖《こわ》いのが総裁の説法だ」ということは、はっきり分かった気がします。

習近平守護霊　怖くない。まったく怖くないよ。まったく怖くないよ。君と一緒《いっしょ》に中華《ちゅうか》料理屋へ行って、中国語会話をやられたら怖いなあ。それは怖い。下品な中国語会話で説法され始めたら、そらあ怖いわ。それは怖い。

7　毛沢東《もうたくとう》、秦《しん》の始皇帝《しこうてい》を超《こ》える野望

「毛沢東は利用できるうちは利用する」

綾織　霊的《れいてき》なところをお伺《うかが》いしたいと思います。

先年十一月に、「毛沢東《もうたくとう》の霊言《れいげん》」が収録されました。そのなかで、「毛沢東は地球最大の悪魔《あくま》」ということが明らかになっているのですが、あなたは、毛沢東と会話をされていたり、指示を受けていたり、言葉を投げかけられたりしていますか。

習近平守護霊　いやあ、毛沢東なんていうのは、もう、ほんっと、張り子の虎《とら》なんで。共産党の創始者だから、とりあえずは持ち上げているけれども、もうちょっとすりゃあ、私のほうが上だっていうことを、みんな認めるから。そしたら、毛沢東

●「毛沢東の霊言」……　『毛沢東の霊言』（幸福の科学出版刊）参照。

は要《い》らないので。もうすぐ捨てるかもしれない。

釈　では、同じ系列といいますか、先人として崇《あが》めているわけではなく……。

習近平守護霊　まあ、今、利用できるうちはするけども、私の権力が確立すれば、毛沢東はもう要らない。

釈　「尊敬する方」というのは、どのような方なんでしょう?

習近平守護霊　いるわけないでしょう。

釈　いるわけない?

習近平守護霊　うん。私が最高なんだから。それはそうでしょう。「日本の安倍《あべ》と同じく、後継者《こうけいしゃ》と目された者は消していく」

藤井　あるいは、次に、後継者《こうけいしゃ》として予定している方は……。

習近平守護霊　そんなもん、いるわけないでしょ、後継者なんて。

藤井　いない？

習近平守護霊　私が、もう……、ああ、私、言わなかったっけ。

綾織　前回、「いちおう、後継者らしき人を考えてはいる」というふうにおっしゃっていましたね。

●前回……　『習近平守護霊　ウイグル弾圧を語る』（前掲）参照。

習近平守護霊　いや、考えてないよ。
いや、いや、後継者っていったら安倍《あべ》さんと……、まあ、ここは安倍さんと一緒《いっしょ》だな。「後継者」っていう声がかかったら、みんな〝消えていく〟っていうのは、ここは一緒だ。権力者の特徴《とくちょう》だから。安倍さんも、後継者の名前が挙がったら消していくから。うん、そりゃあ一緒だな。

藤井　万一《まんいつ》の政変の可能性などは考えては……。

習近平守護霊　そんなの全然気にしてないね。まず、その前に、そちらが死ぬだろうから。そのへんの盗聴網《とうちょうもう》はしっかりしてるから大丈夫《だいじょうぶ》。

藤井　いえ、（習近平氏の）暗殺未遂《みすい》は、実際に何回も起きているという話もありますけれども。

習近平守護霊　ああ、そりゃ、何回かあったけど、私が殺した人数のほうがはるかに多いからね。

「キリスト教は、二十億人に主権・人権を与《あた》えてどうするんだよ！」

綾織　非常に、「客観的に自分の立場が見えていない」ということもありますし、あとは、やはり、自分の敵となるものは明確に抹殺《まっさつ》していっているという意味では、宗教がいちばん嫌《いや》だということがよく分かりますよね。

習近平守護霊　うーん……。

綾織　ウイグルもそうなんですけれども、本土全体のキリスト教なり、仏教なり、道教《どうきょう》なり、あらゆる宗教を抹殺していく。寺を壊《こわ》したり、教会を壊したり、刑務所《けいむしょ》に入れたりしていますが、やはり、宗教がいちばん嫌なんですよね。

習近平守護霊　やっぱり、信長《のぶなが》みたいな気分かな。そりゃあね？

綾織　やはり、宗教の組織、信仰心《しんこうしん》が怖《こわ》い？

習近平守護霊　政治に盾突《たてつ》いてくるやつは蹴散《けち》らさなきゃいけないわな。やっぱり、天下統一が大事だからね。

綾織　香港《ホンコン》のキャリー・ラム行政長官もカトリックの信者でして、先ほども、カトリックの人たちが賛美歌《さんびか》を歌ってデモをやったという話がありましたけれども……。

習近平守護霊　いや、私ぐらいの権力がありゃあ、もう、キリストなんて何回出たって殺せるからね。そんなの（笑）、この世においては絶対に勝てないんだから。

綾織　でも、キャリー・ラムさんは、カトリックの信仰を持っているがゆえに、「行政長官を、もう、辞《や》めたい」と思っているし、北京《ペキン》政府に対しても反抗《はんこう》している部分がありますので。

習近平守護霊　ああ、それは十字架《じゅうじか》に架かったらいいんだわ。十字架に架かって、そのデモで火あぶりになったらいいよ。そうしたら、ちょっとは聖人になれるんじゃないか。

綾織　また、六月九日の百万人を超《こ》えるデモのあとも、ちゃんと司教に懺悔《ざんげ》に行ったという話もありますので。

習近平守護霊　情けない話だな。「この世においては、キリストよりも私のほうが上なんだ」っていうことは知らないといかん。あの世においてもそれを目指してるけどね。今、そうなるんじゃないかと思ってるから。

綾織　その最大の敵が、そういう宗教勢力だと思います。

習近平守護霊　キリスト教が、（信徒数は）二十億とか二十二億とか言って、中国よりもちょっと大きい数を言うてはいるからね。

釈　人数の問題ではないのですけれども、ここが、どうしてもお分かりにならないんですよね。

習近平守護霊　うん？

釈　キリスト教など、宗教を知っている方からすると、あなたは全然偉《えら》くない。そういうご自覚はないのでしょうか。

習近平守護霊　君は〝反乱軍〟だよ。それを言っただけで。

釈　いえ、本当に。神様を信じている人からすると、イスラム教徒もキリスト教徒も、みんなそうですけれども。

習近平守護霊　バカか。二十億人に主権を渡《わた》してどうするんだよ。二十億人の主権者がいてどうするんだよ。それは、みんな、ただの烏合《うごう》の衆じゃないか。

釈　香港も今、まさに、安全保障等、主権の問題でぶつかっています。

習近平守護霊　西洋は「嘘《うそ》つき」なんだって。だから、「主権は国民にある」とか、「みんなが持っている」とか、「基本的人権がある」とか、これは全部嘘つきで、やっぱり、主権っていうのは必ず権力者が持ってるんです。どこでもそうなんだ。

釈　なるほど。では、まさに、その「権力者が主権を持っている」という古い考え方が……。

習近平守護霊　古くなくて新しいんだ。だから、未来、ダース・ベイダーになっても実権は一緒なんだよ。

釈　その古い考え方が時代の流れのなかで淘汰《とうた》されていくという、大きな地球レベルのドラマが、今、すでに展開しているんですよ。そのあたりの認識を持たれないといけないのではないでしょうか。

習近平守護霊　アメリカは、もう、「宇宙軍」において中国に勝てないんで。アメリカのシステムは全部破壊《はかい》されることになってるんで、それで、華為《ファーウェイ》技術とかに手を出し始めたわけだけどね。

やがて、もうすぐ……、まあ、あとね、もうちょっと我慢《がまん》する必要があるんでね。二〇二五年から二〇三〇年ぐらいまで、少し、もうちょっとだけ我慢しなきゃいけないんだけど、完全に勝てると見たら、全世界で行動を起こしますから。

綾織　やはり、残念ながら「見えていないな」というように思うのですけれども。

習近平守護霊　そう？　君の雑誌（月刊「ザ・リバティ」）みたいだね。

綾織　中国に対しては、アメリカが、先の大戦からずっと、ある程度持ち上げてきました。それは、対ソ冷戦の時代もそうです。そのように、アメリカと中国というのは、基本的には、ある程度の協力関係があったわけですけれども、トランプ大統領になってからは、それをすべて断《た》ち切り、「中国と対決していくのだ」という流れですよね。

習近平守護霊　君たちは、もう、アメリカを信じないほうがいいよ。アメリカは日本を敵だとして叩《たた》いて、中国を助けると言って。

綾織　ええ、まあ、それはありますね。

習近平守護霊　そのあと、日本と組んで、今度は中国を叩きに入って、ねえ？

アメリカはね、イラクと組んでイラン革命と戦おうとして、そして、イラクを滅《ほろ》ぼして、また今度はイランも潰《つぶ》そうとしてる。ろくでもない国なんだからさ。

綾織　確かに、アメリカにも、そういうところはあります。それも理解しながらなんですけれども。

習近平守護霊　もう、こんなんだからさ、まったく信用しちゃいけないよ。

釈　アメリカも中国も含《ふく》めて、「世界がどういう方向に向かうのか」というところの時代的な流れは、主《しゅ》がお考えになられるところです。やはり、地球の大きな潮流《ちょうりゅう》というものをつくっていくときに、今、ちょうど当たっているのだなということを、逆に、改めて、非常に痛感させていただきました。

習近平守護霊　うん。まあ、とにかく、秦《しん》の始皇帝《しこうてい》を超える名前を遺《のこ》さねばならんなと思っておるので、それだけの事業はちゃんとやってのけようとは思ってます。

釈　「秦の始皇帝を超える」といっても、秦の始皇帝も、はっきり言って、徳の面では偉人《いじん》の範疇《はんちゅう》にまったく入らないですよ。

習近平守護霊　うん。うん。でも、まあ、二千年も名前が遺ってますからね。

釈　長く遺ればよいのですか。

習近平守護霊　うーん。何が？

釈　名前が。悪いものとして。

習近平守護霊　そら、そう。始皇帝だったらみんな知ってるでしょ、誰《だれ》だってね。毛沢東が二千年後に名前を知られてるかどうかは分からない、そんなもの。

監視《かんし》国家づくりに寄与《きよ》している習近平氏の娘《むすめ》の役割

藤井　幸福の科学の霊査《れいさ》によりますと、「フビライ・ハンに当たる人がどこかにいるのではないか」ということも調べられているんですけれども、何か思い当たるようなところはありますか。これは、チンギス・ハンより、もしかしたら〝偉大な〟というか……。

習近平守護霊　うーん、もしかしたら、うちの娘《むすめ》かもしんねえなあ。

藤井　ああ。

●チンギス・ハン……　幸福の科学の以前の霊査《れいさ》で、習近平氏の過去世《かこぜ》はモンゴル帝国の初代皇帝チンギス・ハンであると推定されている。『世界皇帝をめざす男』（前掲）参照。

釈　「女性で生まれているかもしれない」ということですか。

習近平守護霊　うちの娘が、何か今、「電脳革命」をやってるからさ。

釈　ああ。では、アメリカに留学して、戻《もど》ってきて、そして、実質上の後継者として、ちょっと考えていると……。

習近平守護霊　いや、だから、私は、いちおう、完全監視《かんし》国家をつくってはいるけど、実際、私はコンピュータが全然分からないので、全部娘が仕切ってるから。

藤井　ああ。

習近平守護霊　だから、トランプの娘より優秀《ゆうしゅう》なのよ、うちの娘のほうが。

釈　そうすると、これから出てきますね。

藤井　それは、今、皇帝制のように継承することを考えていると……。

習近平守護霊　可能性はないわけでは……。うーん、まあ、ちょっと先のことは、はっきりは言えんがな。娘あたりは権力があるが、ほかはちょっと分からんな、今のところ。

釈　信用できるのも娘さんだけということですか。

習近平守護霊　（笑）だから、私がいちばん苦手《にがて》なことを、いちばん進んだ国にしてしまってるからさ。「中国十四億人を全部監視体制下に置いている」という、すごい完璧《かんぺき》な制度をつくったからな。

釈　それは、また、すごいですね。

習近平守護霊　うーん。だから、日本なんかさあ、「犯人逃亡《とうぼう》」なんて言って、一週間も二週間もテレビで追いかけてんじゃない。ねえ？　道路で悪さしたやつはどいつだか分からない。交番で刺《さ》した男がどこに逃《に》げたか分からんとかいう。中国なんて、もう本当、ものの十分で割り出されるからさ。どこにも逃げられなくなる。

釈　監視社会をつくり上げた娘さんを、非常に……。

習近平守護霊　君ね、パスポートは違《ちが》う名前だから、香港に簡単に入れると思ってるかもしれないけども、そろそろ次は、君も危ないから気をつけなさい。

釈　ええ、分かっています。

習近平守護霊　もうちゃんと、マークは終わってるからね。

釈　面白《おもしろ》い情報を頂きまして、ありがとうございます。

習近平守護霊　うん。だから、君だってね、いいんじゃないの。日本で全然名前が売れねえから、香港で、君なんかがちょっとガソリンで焼かれたりして、少し、半分ぐらい焼けたりしたら、すっごい有名になるよ。

釈　ありがとうございます。

8　アグネス・チョウ氏へのメッセージ

「アグネス守護霊に、どのように死にたいかを訊《き》いておいてくれ」

綾織　すみません、今日の主役はアグネス・チョウさんのほうでして（会場笑）。

習近平守護霊　うん。何？

綾織　このあとにいらっしゃる予定です。

習近平守護霊　そんな〝ノンタイトル〟の人間なんか使ってどうするんだ。

綾織　もし、何か、アグネス・チョウさんにメッセージがあれば……。

習近平守護霊　「死に方」をね、慈悲《じひ》としては教えたい。どういう死に方をしたいか、選択肢《せんたくし》、選ばせてやるから、それを本人に訊《き》いといてくれ。私の〝最後の慈悲〟として、死ぬのは確実だけど、どうやって死にたいか、その死に方は選ばせてやる。

綾織　もう、もとから命を捨てて活動をされていると思いますので。

習近平守護霊　そんなことはない。保釈《ほしゃく》されたいぐらいだ。

綾織　されたいわけではないと思います。

習近平守護霊　十三万円払《はら》って保釈されるぐらいだから、それは命が惜《お》しいに決まってんじゃん。

だから、「殺される」のはもう決まってるから。もう決めてるので、「死に方だけ選ばせてやる」から、どういうふうに死にたいか。

綾織　はい。その言葉はお伝えいたします。

習近平守護霊　うん、訊いてくれな。命乞《いのちご》いするから。

綾織　今日は、香港《ホンコン》に対するお考え、その他、いろいろな野望について、具体的にお教えいただき、ありがとうございます。

習近平守護霊　（アグネス・チョウを）わしと並べるのは、ちょっと無理とちゃうかな。それは格が違《ちが》うだろ、格が。

綾織　それは、客観的に判断していきたいと思います。

習近平守護霊　例えば、「習近平国家主席vs.幸福の科学理事長」だったら、これでも恥《は》ずかしくて本は出せないだろう。ええ？

綾織　いえいえ。

習近平守護霊　恥ずかしいだろう？　普通《ふつう》。

釈　すごく〝つまらない話〟をされて、ちょっとがっかりしているんですけれども。

習近平守護霊　なんで。単に君の頭が悪いだけじゃないか。単に！　それだけのこっちゃ。

釈　（笑）いやあ……。

習近平守護霊　私はね、中国ナンバーワンの大学（清華《せいか》大学）を出てるからね。

釈　中国ナンバーワンの大学なんて……。ええ？（笑）

習近平守護霊　優秀《ゆうしゅう》な成績で、二十六歳《さい》ぐらいで卒業して、エリートだからね。

釈　ああ、そうですか。

綾織　はい、ありがとうございます。

習近平守護霊　うん。

綾織　九月、十月はお忙《いそが》しいと思いますので。

習近平守護霊　忙しいよ。

綾織　ぜひ、ご自身の足元を見つめていただければと思います。

習近平守護霊　だから、もう、これ以上、ハエみたいにブンブン飛ぶのはやめてくれないか。

綾織　いえいえ。

習近平守護霊　どうせ、（この霊言《れいげん》を）訳しても、あれだろう？　台湾《たいわん》と香港でちょっと本を売るだけなんだろう？　中国語ったってさ、全っ然、流通しないから。

綾織　いやいや、これは、もう、世界に伝えていきますので。

習近平守護霊　中国本土には流通しないんで。したら全部しょっぴくから。だから、君んところの社長は駄目《だめ》だね。中国人に替《か》えたほうがいいよ、社長を。そしたら、中国に広がるかもしんない。

綾織　世界中に習近平氏の本音が伝わっていきますので、広げていきたいと思います。

「私は終身制。トランプが終わっても、やっている」

習近平守護霊　フンッ。まあ、昔より自信をつけてることだけは分かるから。もうアメリカの寿命《じゅみょう》はね、読まれてるんだよ。私が「終身制」を敷《し》いた段階で、もう終わったんで。〝トランプさんの次〟も、（中国国家主席は）私だから。トランプさんが終わっても、私がやってるんで。次はアンチ・トランプが出てくるから、そのときに、アメリカは、中国に膝《ひざ》を屈《くっ》することになる。予言《よげん》だから、ちゃんと書いとけ。

綾織　今の時点の自信は、過信でしかないと思いますね。

釈　「どこからでも人材が出てくるという、自由・民主・信仰《しんこう》の世界がお分かりにならない」ということがよく分かりました。

習近平守護霊　トランプさんもバイバイだし、幸福実現党は、次の選挙で一万票ぐらいになって、もう〝消える〟から。

釈　勝手に言っておいてください。

綾織　はい。ありがとうございます。ちょっと後ろにメインのゲストが控《ひか》えていますから（会場笑）。

習近平守護霊　ああ。そうですか。

綾織　はい。ありがとうございます。

習近平守護霊　はい。はい。

9　霊言《れいげん》を終えて――漂《ただよ》う「弱気を見せたら終わり」感

大川隆法　（手を四回叩《たた》く）

綾織　はい。ありがとうございます。

大川隆法　ありがとうございました。
昔より、少し悪役的な話し方をしていたので、不愉快《ふゆかい》なのでしょうね。これも、韓国《かんこく》の大統領と同じで、やや不愉快な感じにはなっているのでしょうか。

綾織　そうですね。似ている雰囲気《ふんいき》がありました。

大川隆法　本音はなかなか明かせませんからね。ここも、弱気を見せたら終わりなのでしょう。

第2章　アグネス・チョウ守護霊《しゅごれい》の霊言《れいげん》

二〇一九年九月三日　収録

東京都・幸福の科学総合本部にて

アグネス・チョウ（周庭《しゅうてい》）（一九九六〜）

香港《ホンコン》の社会運動家。香港浸会《しんかい》大学在学中。二〇一四年、香港の民主化デモ「雨《あま》傘《がさ》革命」で中心的な役割を果たし、「民主の女神《めがみ》」と呼ばれる。二〇一六年、学生リーダーらと政党「香港衆志《しゅうし》（デモシスト）」を創設。二〇一八年には香港立法会（議会）の補欠選挙に出馬を表明するも、香港政府により立候補を認めない判断を下される。二〇一九年六月、「逃亡犯《とうぼうはん》条例」の改正に反対するデモに参加。海外で、香港の民主化運動に対する支援《しえん》を呼びかけている。

質問者

綾織次郎《あやおりじろう》（幸福の科学常務理事 兼《けん》 総合誌編集局長 兼「ザ・リバティ」編集長
兼 HSU〔ハッピー・サイエンス・ユニバーシティ〕講師）

釈量子《しゃくりょうこ》（幸福実現党党首）

藤井幹久《ふじいもとひさ》（幸福の科学宗務《しゅうむ》本部特命担当国際政治局長〔参事〕）

［質問順。役職は収録時点のもの］

1　「おじさん臭《くさ》くて、吐《は》きそう」

「習近平守護霊《しゅごれい》、お祓《はら》いが要《い》るわ」

大川隆法　では、アグネス・チョウさんのほうに行きますか。

「民主の女神《めがみ》」といわれている香港《ホンコン》のリーダーの一人、周庭《しゅうてい》さん、アグネス・チョウさん、どうか、幸福の科学総合本部に降りたまいて、習近平さんの考え方や、香港の自治のあり方について、ご意見を頂ければ幸いです。

アグネス・チョウさん、アグネス・チョウさん。

お忙《いそが》しいでしょうが、どうか、幸福の科学に来てくださって、その本音をお明かしください。お願いします。

（約十秒間の沈黙《ちんもく》）

アグネス・チョウ守護霊　何か、嫌《いや》な人がいたみたいで……。

綾織　すみません。

アグネス・チョウ守護霊　ああ。一緒《いっしょ》にされるのはちょっとやだわ。

綾織　ちょっと、気持ちを切り替《か》えながらやっていきたいと思います。

アグネス・チョウ守護霊　もう一回、こう、何て言

香港警察に保釈され、記者団の取材に応じる民主派幹部のアグネス・チョウ（周庭《しゅうてい》）氏（左）とジョシュア・ウォン（黄之鋒《こうしほう》）氏（2019年8月30日）。

うのかな……、日本語は難しいな。斎戒沐浴《さいかいもくよく》？　うん、お祓《はら》いして身を清めないと、何かやりにくい感じ？

綾織　ああ。なるほど。はい。

アグネス・チョウ守護霊　何か、こう、嫌な感じが周りに漂《ただよ》ってるのよね。こう、お祓いして。お祓いが要《い》るわ、本当。お祓い、お祓い。

綾織　アグネス・チョウさんご自身が、そういう清らかな波動《はどう》を持っていると思います。

アグネス・チョウ守護霊　ウエ、ウエ、ウエ、ウエ。習近平、臭《くさ》い、臭い。臭い、臭い。臭い、臭い。おじさん臭い。

うーん、もう、嫌だわ。ハア、嫌《きら》い。ウエエエ（会場笑）。吐《は》きそう。吐きそう。

綾織　まあ、そういう気持ちになりますよね。

「あんな考え方、もう古いよ、お掃除《そうじ》したほうがいい」

釈　香港のデモのほうを、私も見させていただいたのですけれども、若い世代のみなさんが、今のアグネスさんのように、「習近平、嫌い嫌い」という感じを持っておられて、「日本の若い人とだいぶ違《ちが》うな」というのは、すごく感じました。

アグネス・チョウ守護霊　もう古いよお、古いよお。あんな考え方、もう古いよお。もうやめたほうがいいよ。うん。一回、共産党はお掃除《そうじ》したほうがいいよ。もう駄目《だめ》だね。ああいう古い人は、もう駄目だね。新しい代《だい》についていけてないね。やってることが全然分からない。日本のアニメを観《み》たことないよ、あの人、たぶん。まったく知らないのよ。
あれは、曹操《そうそう》か何かになりたいぐらいの……、今の時代にね。三国志《さんごくし》の曹操をやりたいぐらいの気分だと思う。ねえ？

綾織　その意味では、習近平氏が判断したことは、すべて逆側に出てしまうという、時代の逆を行っているところがあるかなと思います。

アグネス・チョウ守護霊　うーん、まあ、逆を行ってるかどうかは知らないけど。どこかで崩《くず》れるでしょうね。

綾織　うーん。

アグネス・チョウ守護霊　でも、まだ力は持ってるから、それは、やりたいと思うことをやってるところは、そうとうあると思うけどね。嫌がられること、平気でやってるからね。台湾の総統選に介入《かいにゅう》するとか。

香港っていうのは、もう〝ハエ〟みたいにしか見えてないんだと思うけれども、頭の回りをブンブン飛ばれると、何にも仕事ができなくなるからね。それが私たちの使命だから。まあ、小さいけどね。（人口の差は）二百分の一だけどね。でも、〝中国の良心〟だと思ってやってるからね、ええ。

釈　なるほど。

中華《ちゅうか》思想は大昔のまま、「皇帝《こうてい》に朝貢《ちょうこう》しろ」と言っているだけ

釈　先ほど、アグネス・チョウさんの守護霊様は、中国を「古い」と一蹴《いっしゅう》されましたが、まさに、アグネスさんのような新世代といいますか、こういう若い世代がスター性を持って活躍《かつやく》されています。

みんな、けっこう連帯して頑張《がんば》っていますけれども、「若い世代の使命」というところについては、どのようにお考えでしょうか。

アグネス・チョウ守護霊　だって、世界が、これだけ情報が通じ合ってる時代に、ほかの国がどういうふうに考えてるかが分からないって、かなり遅《おく》れてるでしょう？

外国の目から見て、自分たちが判断してやってることがどう見えてるかが、まったく見えてないんでしょう？　すっごい遅れてるよね？

だから、中国の中華《ちゅうか》思想って、大昔の中華思想のままなので。「世界は、中国の皇帝《こうてい》に朝貢《ちょうこう》外交で、かしずけばいい」と思ってる。うん、それだけよ。言ってることはそれだけなんで。中華思想の、もう一回、回復でしょう？　それだけなの。

釈　まさにそのとおりですね。

アグネス・チョウ守護霊　中国が最大規模の力を持ってたときに、全世界が朝貢してきたと思ってる。それを復活させたい。うん、こういうことでしょ？　言ってるのは。

2　殺されることは覚悟《かくご》で、顔を見せて代表を

「顔を隠《かく》さないで出る人が要《い》る」

釈　先日、アグネスさんとジョシュア・ウォン（黄之鋒《こうしほう》）さんは逮捕《たいほ》されました。そうやって怖《こわ》がらせているようなのですけれども、恐怖感《きょうふ》といいますか、そういうものを一切《いっさい》お持ちではない、感じていないというその強さに、世界中が非常に勇気を頂いているところです。

この強さは……。

アグネス・チョウ守護霊　まあ、「恐怖心」を抱《いだ》かせるのが目的なんだろうからね。それと戦わなきゃいけないね。

ほかの人はね、黒いマスクかけてね、顔隠《かく》してやってるけど、私なんかは隠さないで見せる。そういう人が要《い》るからね、顔を隠さないで出る人、要るから。もちろん、捕《つか》まることや殺されることがあることは、もう覚悟《かくご》はしてますよ、それは。そのための代表なんだから。うん。

「死ぬのは、あちらのほうが早いのでは？」

綾織　先ほどの穢《けが》らわしい習近平氏守護霊の言葉としては、「死に方を選んでおいてくれ」と。

アグネス・チョウ守護霊　それは、「そちらが死ぬほうが早いのと違《ちが》うのかな？」って。

綾織　あっ、なるほど。

アグネス・チョウ守護霊　うん。もう年ですから。そっちこそ考えてよ。何？　ガンで死にたいの？　心筋梗塞《しんきんこうそく》かな？　それとも何なのかな？　脳梗塞？　何で死にたいのか。

綾織　（笑）まあ、彼を暗殺したい人もたくさんいるという説もあります。

アグネス・チョウ守護霊　毒、盛られないように、毒味係《どくみがかり》つけないといけないですね。

3 日本は信用がなく、経済優先

「日本人はオピニオンを持ってない。残念」

釈　海外のサポートなんですけれども、アメリカが香港《ホンコン》の自由を護《まも》るべく、議員立法をしたりなど、非常にいろいろなことをやっています。

この海外のサポートを呼び込《こ》むために、アグネスさんはリーダーとして日本にも来られたりしています。このあたりはどうお考えですか。

アグネス・チョウ守護霊　日本ねえ、取材は来たよ。いろんな新聞社とかテレビとか。取材は来てるけど、うーん……。日本も、近いのにね、何だろう？　日本人ってオピニオン持ってないね。あれが悲しいし。

取材に来ている人たちの考えが、そのまま通じるのかどうかが分からない、その、何て言うのかな、歯がゆさ？　があって。取材してる人がそう言えば、そう伝わるならいいなと思うけど、取材している人の言うとおりになるかどうかが分からない。テレビ局でも新聞社でも。ここが、信用がちょっとない。残念ね。日本も、やっぱり、ある意味で、ちょっと中国的なところあるね。

釈　おそらく、「中国が古い」というその感覚を、日本のマスコミも持てていないどころか、精神的な母国だと思っているような世代が非常に多いんですよね（苦笑）。

中国の考えと通じている山本《やまもと》氏や枝野《えだの》氏と会った狙《ねら》い

釈　アグネスさんは、日本で山本太郎《やまもとたろう》さんや枝野幸男《えだのゆきお》さんなどにも直接お会いし、写真等が出ています。

日本においては、実は、こういう方々が中国の考えと通じるようなものを持っていたり、沖縄《おきなわ》からアメリカの基地を追い出して中国を呼び込んでしまうような勢力になっていたりするところがあります。

そのあたりは、あまりご認識せずに、いろいろな方と会っていらっしゃるのでしょうか。

アグネス・チョウ守護霊　いや、安倍《あべ》さん周辺は〝ガード固い〟からね。かかわりたくないっていう？

釈　ああ、なるほど。

アグネス・チョウ守護霊　かかわれば損するって。貿易や経済的な利益で損すると思って、ガードがすごく固いので会えないから。会ってくれる国会議員を探すと、そのあたりになるんだけど。

まあ、確かに中国寄りなのかもしれないが、でも、そこらへんとでも会えば、中国のほうは、会っただけで「香港の味方か」というふうに思うので。だから、まあ、全部マイナスとは言えないんで。

釈　相手にしてくれない自民党というのも、やはり大きな課題ですね。

自民党は政治的判断より経済利益が優先

アグネス・チョウ守護霊　自民党は、経済的利益が優先だね。政治的な判断よりも経済的な判断のほうが優先してるね。だから、誰《だれ》も責任取る人はいない、取りたくない。

外務大臣なんかが会えば、中国とたちまち険悪な関係になるんでしょ？　うん、防衛大臣と会ったって一緒《いっしょ》でしょうし。

まあ、ああ……。それこそ、先ほど、移民がどうのこうの言ったって、それは、日本政府は、香港から移民を受け入れられるかどうかさえ判断できない状態で。中国から抗議《こうぎ》が来たら怖《こわ》いからね。たぶん、そんな政府だと思うよ。

だから、うーん……、まあ、私は、日本にわりあい親近感を持っているんだけど、意思決定とか判断は、とても〝残念な国〟で難しい。どこを突《つつ》けば動くか、本当に分からない感じね。うん。

４　今、情報発信が封《ふう》じ込《こ》められようとしている

海外報道機関と接触《せっしょく》させないようにしてきている

綾織　アグネスさんは、ツイッターなどでも日本語での発信をかなり続けているると思うんです。

そういう、日本に対してこだわっている部分というのは、何から来るものなんでしょうか。やはり、「日本が動けば大きい」というように見られているということなのでしょうか。

アグネス・チョウ守護霊　いろいろ考えはあるけど、世界の国は二百カ国近くあるんだろうけれど、中国を挟《はさ》み撃《う》ちするには、それは「アメリカ」と「日本」が挟み

撃するのがいちばん効果的なのは確実なので。この二カ国が中国に対して強硬《きょうこう》な意見を言えば、そうは言ったって、全然聞かないわけにはいかないと思いますよ、うん。

藤井　今回、報道を見ると、保釈《ほしゃく》のときの条件で「移動の制限」というものがありました。

要するに、今後、日本に来られなくなるということで、アグネスさんは年末に日本に来るつもりだったけれども、無理だという話になりました。

このあたりに、何か共産党の意図を感じるものはありますか。

アグネス・チョウ守護霊　それは、いろいろ、だんだんそうしてくるでしょうね。だから、もう「封《ふう》じ込《こ》め」に入ってるんだと思うんです。香港《ホンコン》の一区画に封じ込めて、もう意見を外に出さないようにするし、まあ、外国人の報道も、そうとう締《し》め上がってくるだろうね。

でも、ＣＮＮはトランプさんの敵だから、ここを何とかうまく牛耳《ぎゅうじ》って反米報道、たぶんさせたいんじゃないかな。

あとは、報道機関の統制は、国内はほぼ利《き》いてるので。外国の報道機関だけが自由にできないので、これをどうやって「シャットアウト」するか。

その報道させない方法の一つが、「接触《せっしょく》させない」っていうのだから。

外国へ行かれたら自由にしゃべられるし。国内の場合は、外国の報道機関に会えないように、だんだんに見張っていくことで遮断《しゃだん》するってことかな。

今の中国は老人国家、古代中国のほうがまだいい

釈　日本においてもかなり偏《かたよ》っていると思うのは、いわゆる中国寄りの発信です。例えば、デモが「暴徒の集まり」だとか、「先鋭《せんえい》化して非常に危険だ」などと言われています。でも、危険なのは警察のほうです（苦笑）。そのあたりの偏りが日

本でもずいぶんあります。

正しい情報を、ツイッター等でどんどん発信している若い人たちの影響《えいきょう》というのは、やはり、これからますます出てくると思います。

この情報発信のところなんですけれども、先ほど、習近平主席の娘《むすめ》さんが監視《かんし》国家をつくるために大きな役割を果たしているという話もありました。

これから、この若い世代がぶつかっていくような流れもありうるという感じもするのですが、このあたりは、どう見ていますか。

アグネス・チョウ守護霊　うーん、裏では力があるのかもしれないけど。でも、私の目には、やっぱり、中国そのものは「老人国家」に見えますね。「共産党の歴史」とともに生きた人たちばかりが集まって、考え、意思決定しているように見えるから。若い人の意見がそんなに通るような国ではないですね。全然通らないと思うし、全部、任命されていろんな行政区に行くことは行くけど、逆に任命された人が上奏《じょうそう》して「こうしたほうがいい」みたいなのが通る国ではないから。中世の中国でも、まだそういう「諫言《かんげん》」っていう、諫《いさ》めるっていうことは制度としてはあったけど、今の「習近平体制」だと、習近平を諫める人は誰《だれ》もいないね。だから、若い人、娘さんかどうかちょっと分からないけど、正式な、その公的な権力として何かができるっていうことはないんじゃないかなと思いますが。うん。

「立候補無効は不適切」は外国向けで、信じられない

釈　アグネスさんは、「雨傘《あまがさ》革命」のデモのあと、「デモシスト」という政党を立ち上げ、補欠選挙に出馬をしようとしたけれども、無効とされました。

ところが、昨日《きのう》（九月二日）、日本の高裁に当たる高等法院が、その選管の手続きで立候補を無効としたことに対して「不適切」という判断を下しています。

ですから、次は選挙に出馬できる可能性も出てきてはいるんですけれども。

アグネス・チョウ守護霊　いや、それは〝甘《あま》い餌《えさ》〟だから気をつけないといけないですね。「立候補して、言えばいい」と言って、議員のうちの一人か何かにしてしまって、「力を封じ込める作戦」もないわけではない。

外国向けにやろうとしたらそういうふうにする手はあるけど、まだ、それ、途中《とちゅう》で操作する方法はいっぱいあるので。票を少なくしたり、あるいは、政党風にやるんなら、小さくして影響力を抑《おさ》えるとか。

私は、それはあまり信じられないですね。今のところね。まだ、そういうので油断させようとしてる可能性があると思っています。

「将来的には、民主的なものにシフトする」みたいな、こういう〝嘘《うそ》の約束〟をぶら下げることは可能なんで。今、当面の問題をまずなくしてしまおうとしている可能性が高いですね。

綾織　今、香港……。

アグネス・チョウ守護霊　（テーブルのコップを指して）あの、このコップ換《か》えてくれませんか。習近平さんの飲んだやつ、飲めない。すみません。

綾織　あっ、すみません。

アグネス・チョウ守護霊　嫌《いや》なの。嫌なんで。

綾織　ちょっとお待ちいただければと思います。

アグネス・チョウ守護霊　こっちにちょっと（コップをテーブルの右端《みぎはし》まで移動させる）。はい。

綾織　申し訳ございません。

5　この戦いの落としどころ

①まず、問題の法案（逃亡犯《とうぼうはん》条例改正案）を撤回《てっかい》させる

綾織　お話を少し続けさせていただきたいと思うんですけれども。

アグネス・チョウ守護霊　はい、うん。

綾織　今、香港《ホンコン》で起こっていることは、方向性としては、中国の文脈でも「革命」だと思いますし、西洋の文脈でも、「自由の創設」としての「革命」というように理解できると思うんですけれども、今回の戦いのなかで「落としどころ」にできる部分、「勝利と言える部分」は何だとお考えになっていますか。

アグネス・チョウ守護霊　一つは、「あの法案（逃亡犯条例改正案《とうぼうはんじょうれいかいせいあん》）を未来永劫葬《えいごうほうむ》り去る、撤回《てっかい》する」っていうことを、明確にして言わなきゃいけない。

②今の行政長官は退任、次の行政長官を自由に選ぶシステムを

アグネス・チョウ守護霊　（キャリー・ラム）行政長官は傀儡《かいらい》ではあるから、まあ、これを替《か》えたからって、本当はどうなるものでも……。次が送られてくれば一緒《いっしょ》ではあるんですけれども。

ただ、かたち上は退任してもらわないと、やっぱり、けじめはつかない。これだけ香港に混乱を起こしたんですから、やっぱり、判断に誤りがあったことは公開で認めて、退任はしていただきたいし。

次の長官は、北京《ペキン》（政府）が指名するんじゃなくて、やっぱり、自由な投票で選ばれるというシステムを認めさせたいですね。うん。

③人権の尊重——信教・報道など、各種の自由を保障

アグネス・チョウ守護霊　それから、いわゆる「自由権」ですね。さまざまな基本的人権。「言論の自由」や「表現の自由」、「報道の自由」、「信教の自由」、あるいは、「奴隷《どれい》的な拘束《こうそく》を受けない自由」。それから、「公平な裁判を受ける自由」。

やっぱり、いろんな自由が保障されなければいけないんじゃないでしょうかね。そのへんは求めていきたい。

④できたら「香港《ホンコン》独立」まで持っていきたい

アグネス・チョウ守護霊　もちろん、将来的には、できたら政治家になって、そういうことをちゃんと実現していきたいと思うけど、まあ、ちょっと力が足りなくて不十分なんですが。もっと大きなパトロンがつかないとちょっと無理かなとは思っ

てるけども、できたら、「香港《ホンコン》独立」まで持っていきたい。

綾織　独立まで考えられていますか？

アグネス・チョウ守護霊　はい。「そこまで考えなければ勝てない」と思っています。

釈　今まで、「一国二制度」を維持《いじ》したかたちで活動されていて、「独立派」と言われる方とはまた違《ちが》うスタンスでいらっしゃったと思うんですけれども。

アグネス・チョウ守護霊　でも、「中国人」と言われるの、嫌《いや》になってきた。「香港人である」っていう気持ち。

釈　だんだん変化が出てきていますね。

アグネス・チョウ守護霊　「私たちは香港人であって、中国人じゃない」っていう気持ちが強くなって。

うん。台湾人《たいわんじん》も「中国人じゃない」って言ったほうがいいと思うよ。「中国人だ」と言ったら、吸い込《こ》まれるから。

釈　なるほど。

綾織　先ほど、「大きなパトロン」というお話がありました。独立ということになると、やはり、どこかが後ろ盾《だて》にならなければ難しいということなんですね。

アグネス・チョウ守護霊　まあ、今、アメリカにそれだけの余裕《よゆう》があるかどうか、ちょっと分からないが。それは、アメリカとかはいいですが……。

⑤ジョンソン英首相に「大英帝国《ていこく》の一員と見なす」と宣言してほしい

アグネス・チョウ守護霊　あとは、イギリスが、もう一回、「このままの香港の人たちを護《まも》るために、私たちは盾《たて》になってもいい」とか、イギリスの、何て言うかな、トランプさんみたいな人が出てきて……。

綾織　ジョンソン首相ですね？

アグネス・チョウ守護霊　変わってそうだから。

綾織　はい、はい（笑）。

アグネス・チョウ守護霊　あの人、そういう変わったことをやってくれたら、うれしいな。

綾織　あっ、なるほど。

アグネス・チョウ守護霊　うん。「私たちは、香港に責任がある」と。もし、そういうことを言ってくれたら、うれしいな。

綾織　なるほど。その意味では、「イギリスと中国で結んだ、五十年の自由を認めるという共同宣言に違反《いはん》する」と。

アグネス・チョウ守護霊　少なくとも、約束、破ったわね。

綾織　はい。

アグネス・チョウ守護霊　うん、うん。本来は、「アヘン戦争」で取られたものだから、中国に返るのがうれしいし、香港映画でも、日本に対する抗日《こうにち》運動や、それから、イギリスに対する反英映画もつくったりもしてたけども、「実際、（中国に）返ってみたら、こんなにひどかった」っていうことを、今、経験してるのでね。だから、ボリス・ジョンソンだったっけ？　「イギリスのトランプ」さん？

綾織　はい。そうですね。

アグネス・チョウ守護霊　「もう一回、香港を〝再占領《せんりょう》〟する」って宣言してくれたら、すごく面白《おもしろ》いことが起きる。

綾織　なるほど。イギリスの統治に戻《もど》るということですね。

アグネス・チョウ守護霊　うん。だから、いや、「統治に戻る」ではなくて、「香港の自治を認めて、独立性を認めなければ、もう一回、再占領も辞さない」みたいなことを言って、軍艦《ぐんかん》でも送ってくれると、ちょっと面白い。

最初、出だしだから、どんな人なのかもみんな分からないし、すごく怖《こわ》がると思うんで。「イギリスのトランプ」って、何するか分からないから。

綾織　あっ、なるほど（笑）。はい。予想できないですね。

アグネス・チョウ守護霊　「大英帝国《ていこく》は、やっぱり護る」と。「オーストラリアだって、カナダだって、大英帝国」。これ、やっぱり、「香港も、大英帝国の一部に入れる」とか言って……。

綾織　確かに、ＥＵから離脱《りだつ》をして、もとのイギリスに戻るという意味合いにおいては、そうした大英帝国的な行動をし始めるということですね。

アグネス・チョウ守護霊　そう、そう、そう。寂《さみ》しいからね。寂しいから、増やしたほうがいいよ。ねえ?

「香港は、大英帝国の一員と見なす」って一方的に宣言したらいいんだよ。〝ダウニング街《がい》十番地〟で。

綾織　はい。なるほど。それは非常に分かりやすいですね。

アグネス・チョウ守護霊　面白い。実際、戦争しなくても、それを言っただけでも、すっごい腰《こし》引けるよ、あの習近平。面白い。

綾織　なるほど。

6　中国の民主化まで考えている

「毛沢東《もうたくとう》革命も鄧小平《とうしょうへい》政策も偽物《にせもの》だ」と分かった

藤井　今、お話を伺《うかが》っていて、非常に「戦略的な視点」を感じるんですけれども……。

アグネス・チョウ守護霊　ありがとう。

藤井　活動するなかで、使命感などが深まったりすることはあるんでしょうか。

アグネス・チョウ守護霊　いやあ、前にも逮捕《たいほ》されたことがあるけど、「ここまで来たら、もう、やり抜《ぬ》かなきゃ駄目《だめ》だな」と思って。

「毛沢東《もうたくとう》革命は偽物《にせもの》だ」っていうのが、はっきり私には分かったんで。

あと、鄧小平《とうしょうへい》が経済と政治を分けて、「中国型の社会主義だ」とか言って、やったけど、「これも偽物だ」っていうところを私たちは（分かった）。

「社会主義下の資本主義経済がありえる」みたいなことで、「旧ソ連みたいにはならない。世界一になれる」みたいな幻想《げんそう》をまいたけど、「これは間違《まちが》いで、こんなものが広がったら駄目だ。本質的には、全然、人間の幸福を考えていない制度だ」っていうことが分かったんで。

要するに、天安門《てんあんもん》（事件）のときに、〝けじめ〟をつけなかったのが、こう延びてきて。私が生まれる前だけど、天安門のときに、西洋社会、国際社会は、やっぱり、調査団を送って、はっきり、けじめをちゃんとつけるべきだったのに、延命《えんめい》させたのが、こういう結果になった。

香港《ホンコン》で犠牲者《ぎせいしゃ》が出るかどうか分からないけど、天安門よりは、まだ、外国に、その結果が見えやすくなってはいるだろうとは思うから。うん。

綾織　先ほどの習近平守護霊の話によると、「〝お掃除《そうじ》〟をする」ということで、武力鎮圧《ちんあつ》もありえる情勢です。

アグネス・チョウ守護霊　お掃除？　お掃除、大事よ。お掃除、大事よ。

綾織　はい。

アグネス・チョウ守護霊　うん。お掃除、大事。

綾織　中国のほうのお掃除。

アグネス・チョウ守護霊　じゃあ、「中南海《ちゅうなんかい》」の〝お掃除〟をしたほうがいいよ。

綾織　はい（笑）。そうですね。

アグネス・チョウ守護霊　うん。

「急進的な方法も要《い》る」という発言の真意

綾織　実際に、武力鎮圧のようなものもありうるタイミングですが、そのなかで、地上のアグネス・チョウさん本人はインタビューにおいて、「急進的な方法も必要だと思う」というような、一歩も二歩も前に出た発言をされています。これは、どういう意味なんでしょうか。

アグネス・チョウ守護霊　あちらがね、中国の人民解放軍に、隠《かく》れた香港警察のふりをさせて、「そこまでやってでも香港人を弾圧《だんあつ》したい」と思うんだったら、やっぱり、多少、抵抗《ていこう》しないと。

綾織　うーん。

アグネス・チョウ守護霊　私たちがやってるのは、鉄柵《てっさく》を抜いてね、ボルトやナットを外し、そんなのでバリケードを築いたりとか、ほんのちょっとしたことしかできないし、おっしゃるとおり、武器らしきものは、ほとんど持っていないのでね。先ほど、「パトロン」って言ったけど、向こうがほんとに武装して弾圧に来るなら、「食料」や「エネルギー」、「車両」など、多少は抵抗できるような装備等を援《えん》助《じょ》してくれる国とかが出てきてくれれば、ありがたい。そのために、世界に発信しているんだけどね。そういう義侠心《ぎきょうしん》みたいなものを持っている国がどこかあれば……。

　習近平氏が腹を決めたら〝現代版ナチス〟となり、香港《ホンコン》は丸ごと収容所化

アグネス・チョウ守護霊　日本の政府は、もう、韓国《かんこく》だけではなく、香港《ホンコン》も完全に黙殺《もくさつ》するつもりみたいだから。幸福実現党の声、届かないね。残念。

釈　すみません。

アグネス・チョウ守護霊　悔《くや》しい。

釈　非常に悔しいところではあるのですが、「正しい認識を日本のなかで広げられるのは、私たちしかいない」と考えています。

「習近平も退《ひ》かない」ということなので、今、香港が共産主義と戦うフロントライン、最前線になっています。「香港が崩《くず》れたら、次は台湾《たいわん》だ。次は沖縄《おきなわ》だ。尖閣《せんかく》

（諸島）だ。日本だ。南シナ海だ」というかたちで広がってきます。
　これと同じような認識を習近平主席も持っていて、「一歩も譲《ゆず》らない」という状《じょう》況《きょう》です。

アグネス・チョウ守護霊　うーん。

釈　このぶつかりが十月一日までに起こる可能性もあり、極《きわ》めて緊迫《きんぱく》した状況ですけれども、アグネスさんたちとしては、このあたりをどう乗り越《こ》えていこうと考えていらっしゃいますか。

アグネス・チョウ守護霊　本格的に、「香港人の皆殺《みなごろ》し、やむなし」というところまで習近平主席が腹を決めたら、国際的非難を受けても統一をして、反乱分子《はんらんぶんし》を絶対に許さない。

チベットは国ごと取ったし、ウイグルだってもう〝収容所化〟した。これは、もう〝現代のナチス〟ですよね。これを平気でやっていて、国際社会の非難なんて、何とも思っていない。

あれなら、いや、ほんと、香港を丸ごと鉄柵のなかに入れてしまいたいぐらいなんじゃないですか。全部を丸ごと収容所にしたいぐらいなんじゃないですかね。

釈　でも、日本人が二万人ぐらい、香港にいます。

アグネス・チョウ守護霊　日本人は逃《に》げられますからね。

釈　ええ。もし香港がそのような状況になったら、当然、世界中から、「ひどい話だ」ということになりますので、経済制裁などが発動されるでしょう。海外から中国に対してできることはあると思うんですけれども……。

アグネス・チョウ守護霊　いや、（中国は）それができないようにしてきたのよ。「一帯一路《いったいいちろ》」その他で、ほかの国と密接な関係をつくり、中国に経済制裁をしたら世界がパンクするようにしてきた。このへんは賢《かしこ》いっていうか、戦略的だけどね。

釈　まさに、トランプ大統領の偉大《いだい》さがよく分かる時期に入ってきています。

アグネス・チョウ守護霊　でも、アメリカ一国だけでは制裁できないレベルまで来ているから、厳しいですね。

　日本は中国経済の発展に寄与《きよ》しすぎ、何十倍にも発展させた

藤井　もし大きな構想をお持ちであれば、幸福の科学を頼《たよ》りにしていただければいいかと思うんですけれども。

アグネス・チョウ守護霊　うーん。

藤井　お話を聴《き》いていると、「香港独立まで考えている」とのことでした。今、お話しされているのは、アグネスさんの守護霊さんだと思うんですけど、アグネスさんは、生まれる前に、例えば天安門事件をご覧になり……。

アグネス・チョウ守護霊　悔しいね。

藤井　今世《こんぜ》の使命として、「中国を何とか変えたい」とか、そのようなことを考えておられるのでしょうか。

アグネス・チョウ守護霊　だから、悪は、はっきり断罪しなくっちゃいけないね。

習近平さんのほうは、「中国本土のなかに香港の機能を移してしまい、金融都市《きんゆうとし》をそっちに持ってきて、中国が繁栄《はんえい》すれば、香港が廃《すた》れようが、どうでもいいし、人は入れ替《か》えりゃいい」と思っているんでしょう。

中国のなかから（人を香港に）入れて、香港人はどっかに片付けようとする。たぶん、分散させて収容所に入れるつもりでいる。何カ所かに分散させれば分かりゃしないから、もう、そのつもりでいるんだろうと思う。だから、「香港の繁栄」はもう〝見切って〟いるだろうと思う。

台湾はちょっかいを出せば、自分のところへの攻撃《こうげき》が早まる恐《おそ》れもあるから、そんなにできないかもしれない。

日本は、ちょっと中国経済の発展に寄与《きよ》しすぎたんじゃないですかね。工場とかをいっぱい出し、そこで従業員をいっぱい雇《やと》って、中国を何十倍にも発展させたのは日本でしょう。アメリカもちょっとはあるけど、日本の企業《きぎょう》が大きいわね。

今、やっとこさ、アフリカとか、ほかのところにも日本びいきの国をつくり、融資をして、工場とかを移せるようにしようとしているんでしょうけど。
アジアのほかの国に対しては、中国が埋《う》め立てた軍事基地から爆撃《ばくげき》できる体制がもうできているし、フィリピンもベトナムもみんな、ミサイル攻撃の範囲《はんい》にもう入っているから、軍事的に制圧される可能性は高いでしょうね。

香港《ホンコン》を中心に、深圳《しんせん》などの南部を呑《の》み込《こ》むかたちで独立させたい

綾織　先ほど、「香港《ホンコン》の独立」と言われましたけれども、中国本土のほうの民主化についてはどう考えますか。

アグネス・チョウ守護霊　ああ、やる。そこまで考えてる。
習近平さんは、実は、香港の機能を、深圳《しんせん》とか、そっちのほうに持っていこうとしているけど、(私は)「深圳とかを呑《の》み込《こ》むかたちで香港を独立させ、『三国志《さんごくし》』の呉《ご》の国みたいなものを、南のほうにつくってしまいたい」という気持ちを持ってる。

釈　なるほど。

アグネス・チョウ守護霊　あの体制、社会主義が好きな方は、北のほうでやったらいいけど、私たちは（それが）嫌《きら》いだし、南のほうには、独立したい人がいると思う。中国から独立したい人は、その自由の国に来てくれてもいいと思う。

綾織　「太平天国《たいへいてんごく》の乱」のような雰囲気《ふんいき》がちょっとありますね。

アグネス・チョウ守護霊　（そう）なるかもね。なるかもしれない。可能性はある。

釈　香港の二十代の若い女性が、「北の人」「南の人」という言い方をしていまして（笑）、自分たちを「南の人だ」と言っていました。

アグネス・チョウ守護霊　うーん。

釈　「そういう意識の芽生《めば》えが広がっている」という認識はありますね。

アグネス・チョウ守護霊　ある、ある。だからね、私も北京《ペキン》語をあんまり話したくないから、大学を卒業できなくて困ってんのよ。アッハッハッハッハッ（笑）。標準語ができない。

7　アグネス・チョウ守護霊《しゅごれい》が霊界《れいかい》で交流している霊たち

哲学者《てつがくしゃ》ハンナ・アレントからご指導を頂いている

綾織　霊的《れいてき》な部分の話になるんですけれども、普段《ふだん》、今のような局面で話をされている方、あるいはアドバイスを受けておられる方は、どういう方でしょうか。

アグネス・チョウ守護霊　ハハハッ（笑）。私、偉《えら》くないから……。

綾織　いえいえいえ。

アグネス・チョウ守護霊　まだ二十二歳《さい》だから。

藤井　とても国際的視野をお持ちでいらっしゃる。

アグネス・チョウ守護霊　エヘヘ（笑）。全然、持ってない。日本のアニメから勉強しているぐらいだから、全然、持ってない。

綾織　●前回の霊言《れいげん》で、短いものを録《と》らせていただきましたけれども、ハンナ・アレントという哲学者《てつがくしゃ》の方の名前が出ていました。

アグネス・チョウ守護霊　ああ、確かに、先生のご指導を少し受けていますよ（注。本収録の翌日、「ハンナ・アレントの霊言」の収録を行《おこな》った。本書第４章参照）。

●前回の霊言で……　『日本の使命』（幸福の科学出版刊）参照。

日本の革命家・天草四郎《あまくさしろう》も、霊言《れいげん》で調べてみたらいい

綾織　今もそうだと思いますが、「これだけ行動の求められるタイミングになると、また違《ちが》った導きもあるのかな」と思うんですけれども。

アグネス・チョウ守護霊　ちょっと、そちらの系統や宗教的なほうの力も加わってきているようですね。

綾織　それは、キリスト教系の方なんでしょうか。

アグネス・チョウ守護霊　キリスト教、ユダヤ教……。でも、それ以外も少し入っているような気がします。

釈　スタジアムでの集会で、一斉《いっせい》にみんなが手を振《ふ》り、「Sing《シング》 Hallelujah《ハレルヤ》 To《トゥ》 The《ザ》 Lord《ロード》」という賛美歌《さんびか》を歌うシーンを見たんですけど、何か泣けてくるぐらい感動的で、「愛と平和」といいますか、「連帯」といいますか、「非常にいい雰囲気《ふんいき》」といいますか、そういうものを感じ、「明らかに神様からの力を受けている活動なんだな」と思いました。

アグネス・チョウ守護霊　うん。そうそう。

日本でもね、芸能人で、そう（いう過去世《かこぜ》を）語っている人はいるんだろうけど、●天草四郎《あまくさしろう》って、いるじゃないですか。

釈　あっ。

●天草四郎（1621 ？～ 1638）　キリシタン。島原《しまばら》の乱の指導者。1637年、島原藩などの圧政と重税、過酷なキリシタン弾圧に対して蜂起《ほうき》（島原の乱）。16歳にして一揆軍《いっきぐん》の総大将となり、長崎県島原半島の原城《はらじょう》に籠城《ろうじょう》して90日間戦った。日本史上最大規模の一揆となったが、最終的に鎮圧された。（上）天草殉教《じゅんきょう》公園に建つ天草四郎の像。

アグネス・チョウ守護霊　ねえ?

釈　はい。

アグネス・チョウ守護霊　フフッ（笑）。一回、霊言《れいげん》をしてみたらいいよ（注。本収録の翌日、「天草四郎の霊言」の収録を行った。本書第3章参照）。

綾織　おお。ご縁《えん》があるんでしょうか。

アグネス・チョウ守護霊　あるかもね。うん。

綾織　「ご本人」ということもあるんですか。

アグネス・チョウ守護霊　日本語をしゃべるからね。

綾織　あっ。そういうことですか（笑）。

アグネス・チョウ守護霊　うん。

綾織　なるほど。

これは、まさに、本当に「宗教としての戦い」なんですね。

アグネス・チョウ守護霊　うん。だから、弾圧《だんあつ》される可能性はあるよ。

あのとき、（島原《しまばら》の乱で）勝っとれば、日本はキリスト教国になって、西洋入りしていたかもしれないね。

綾織　ああ。

「どうやって死のうかな。やっぱり十字架《じゅうじか》で？」

釈　香港《ホンコン》に行きますと、キリスト教だけではなく、「アンチ共産党」の法輪功《ほうりんこう》も、新聞やチラシなど、いろいろなものを配ったりしていましたし、仏教の考えを持っている方や、いろいろな宗教の方々が、「信仰《しんこう》で自分たちをモチベートして、この活動をやっているんだ」というお話を聞いたんです。「世界の大きな潮流《ちょうりゅう》というものを担《にな》って生まれてきている」という、自覚や使命感はおありなんでしょうか。

アグネス・チョウ守護霊　最近、そういう力がいろいろと働いてきつつあるので、私ごときでできるかどうか、分からないんですけれども、先ほど、（習近平守護霊が）「死に方を選べ」と言ってたから（笑）、どうやって死のうかな。やっぱり十字《じゅうじ》架《か》で死ぬほうがいいのかな。分かんないけどね。力的には「十四億対七百万」ですから、（こちらを）〝皆殺《みなごろ》し〟にできる力を向こうは持っています。判断一つでね。

トランプ氏の独特の交渉法《こうしょうほう》は、中国に誤ったメッセージを伝えかねない

アグネス・チョウ守護霊　アメリカのトランプさんは、交渉《こうしょう》の仕方が独特だから、例えば金正恩《キムジョンウン》を持ち上げてみたりもするじゃないですか。「頭がいい」だとかね、「信頼《しんらい》している」だとか、「約束を守っている」だとかね。

ただ、ああいう発信をすると（中国などが）勘違《かんちが》いすることはある。アメリカ的なビジネス的態度かもしれないけど、もうちょっとはっきりしなきゃいけない。

今、関税だけで中国とやり合っているように見えるけど、北朝鮮《きたちょうせん》にああいう〝信号〟を送っていると、「中国とは戦いたくないだろう」と思っちゃうんじゃないかな。

綾織　少しずつスタンスは変わってきているとは思います。霊界《れいかい》でアドバイスを受けている革命家の霊人《れいじん》たちは

綾織　すみません。特にキリスト教系の方だとは思うんですけれども、アドバイスを受けられるような方というのは、どなたになりますか。

アグネス・チョウ守護霊　いや、そりゃ、明かしたらいいかどうか、ちょっと分からないけど。

綾織　ああ、そうですか。

アグネス・チョウ守護霊　うーん。「昔、清国《しんこく》を改革しようとした人」も来てはい

る。

綾織　それはキリスト教徒だった方ですね。

アグネス・チョウ守護霊　キリスト教徒かどうかは分からん。〝新宗教〟と言うべきかもしれない。

綾織　あっ、そちらのほうですか。清国の革命家？

アグネス・チョウ守護霊　あれが成功しておれば、清国の〝明治維新《いしん》〟が起きたかもしれない。

綾織　●洪秀全《こうしゅうぜん》という方ですね？

●洪秀全（1814 ～ 1864）　中国・清朝期の太平天国の指導者。科挙《かきょ》に数回失敗した後、キリスト教に触れ、拝上帝会《はいじょうていかい》を組織する。「太平天国の乱」を起こして清軍と戦ったが敗れ、病死した。『「太平天国の乱」の宗教革命家 洪秀全の霊言』（幸福の科学出版刊）参照。

アグネス・チョウ守護霊　うん。そういう人も来ていますね。何か後押《あとお》しに来てはいますが、みんな、敗れてはいるから（笑）、多勢《たぜい》に無勢《ぶぜい》なのかもしれないんですけど。日本からも来ていますね。

綾織　ああ、そうですか。

アグネス・チョウ守護霊　多少、応援《おうえん》には。

綾織　それは明治維新的なものでしょうか。

アグネス・チョウ守護霊　ときどきですけどね。坂本龍馬《さかもとりょうま》さんとか、高杉晋作《たかすぎしんさく》さんとかを名乗るような方は来ています。

綾織　おお。まさに。

アグネス・チョウ守護霊　「頑張《がんば》れ、頑張れ」とは言いに来る。

釈　高杉晋作も、上海《シャンハイ》で清国の現状を見て、革命を起こしました。

アグネス・チョウ守護霊　だから、「頑張れ」と言っているけど、頑張るには〝燃料〟が要《い》るからね。「そのへんが日本の国はどうなのかな」っていう……。

「水になれ」――ブルース・リーの道教《どうきょう》的な言葉

綾織　（香港のデモで）合言葉のようになっているものとして、「水になれ」という言葉があります。

釈　「Be Water《ビー　ウォーター》」。

アグネス・チョウ守護霊　うん。

綾織　これは「ブルース・リーがよく言っていた言葉」ということなんですけれども、この方もかなり応援なされている状態でしょうか。

アグネス・チョウ守護霊　そりゃあ、「英雄《えいゆう》」は必要だけど。まあ（笑）、ブルース・リーの銅像が（香港に）建っているから、ブルース・リー、まあ、あるけど。老子《ろうし》系統のほうも、少し、何か……。ああいう弾圧的統治みたいなのが嫌《きら》いな方なんでね。

中国思想のなかでも、水面下では道教《どうきょう》的な思想は残っている。共産党でも、いちおう葬式《そうしき》は道教でやるから、道教的なものを完全には根絶《こんぜつ》できない。「水の教え」の道教のほうからも、応援は少し来てはいますね。

8　世界中の若者へ――「これは革命」「戦うべきは今」

「真理が見えている人たちは、少数でも強くなければ」

釈　お時間が迫《せま》ってきているんですけれども、日本や世界中の若い世代に向けて、メッセージを頂きたいと思います。アグネスさんの非常に純粋《じゅんすい》な思いに心を打たれておりますので、ぜひ、「若い世代へのメッセージ」をお願いします。

アグネス・チョウ守護霊　結局、敵は大きく見えるけど、逆に言えば、ある意味では、「目が見えない人たち」ではあるんですよ。たとえ十四億いても、目に〝ブラインド〟がかかっている人たちなんですね。だから、「真理が見えている人たちは、少数であっても強くなければいけない」と思うんですよね。

だから、「勇気」が合言葉だし、「恐怖心《きょうふしん》の克服《こくふく》」が大事なんですよ。

ナチスと戦うのが遅《おそ》かったから、第二次大戦は巨大化《きょだいか》した

アグネス・チョウ守護霊　「大中国と戦って勝てるわけはないし、悲惨《ひさん》な結果になるだけ」って言われるかもしれないけど。

だけど、ドイツのナチスが「ユダヤ人狩《が》り」を始めたときに、教会は（ユダヤ人の）一部をかくまいはしたけど、（英仏が）あれ（ナチス）と戦おうとしないで宥《ゆう》和《わ》策を採ったため、戦線が拡大し、第二次大戦が巨大化《きょだい》してしまったんで。

最初の段階で、やっぱり、「これは悪」と見抜《みぬ》いて、それを抑止《よくし》することが大事だったんではないでしょうか。

終わりのころになって、チャーチルが「ヒットラーは悪魔《あくま》だ」と思って戦い、「断固、屈《くっ》しない」と決めた。あれは結果的にはよかったかもしれないけど、流れ的には遅《おそ》くて、もっと早いうちに、それをしなくちゃいけなかったね。

今、「一帯一路《いったいいちろ》」を潰《つぶ》しに入っているのは大川隆法先生だし、その思想の影響《えいきょう》を受けている日本政府もやっているとは思う。

今、安倍《あべ》さんは、ロシアとなかなかうまくいかない交渉《こうしょう》をやっているけど、やっぱり、ロシアもアメリカも巻き込《こ》んで、中国の野心を今、挫《くじ》いとかないと。アフリカやヨーロッパまで中国が支配するようになったら、もう止まらない。世界が監視《かんし》社会になり、個人の自由、基本的人権がなくなっていきます。

その理由は、結局、「神への信仰《しんこう》がない」ことです。無神論、唯物論《ゆいぶつろん》は、結局、個人を一つの歯車として見て、「有用かどうか」だけを判断する。そういう感じで個人を見ている国家と早く戦わないと、敵が肥大化《ひだいか》してくる可能性がある。

「私たちは死ぬかもしれない。でも、無駄死《むだじ》にではない」

アグネス・チョウ守護霊　私たちは死ぬかもしれない。でも、無駄死《むだじ》にではないと思っている。

私たちが今戦わなければ、次に台湾《たいわん》で悲惨なことが起きるでしょう。それが台湾で起きたら、次に、南シナ海など、いろいろなところでも起きるでしょう。中国がつくっている爆撃《ばくげき》基地、ミサイル基地から「アジアの支配」が始まるでしょう。ヒットラーがやったのと同じことを、終身制の習近平は絶対にやるから。いずれトランプさんはいなくなるので、その体制をつくらなきゃいけない。それをつくるためには今の安倍政権でも不十分で、ほんとは、あなたがたがいる幸福実現党が、もうちょっと政府の中枢《ちゅうすう》に入《はい》れなければいけなかったけど、日本はその革命に十年間失敗し続けている。

われわれは、もしかしたら死ぬかもしれないが、われわれが死ぬことによって、もし、周辺諸国や世界の国々が、「基本的人権を護《まも》り、神を信じる民主主義が正しいのだ」ということを確信できるなら、その死は無駄死にではないと思っています。だから、われわれは、千人や二千人、一万人が死ぬことぐらいは、もう覚悟《かくご》していますけども、戦います。

日本は、われわれの屍《しかばね》を乗り越《こ》えて、国是《こくぜ》を変え、「正しいものとは何か」をはっきりと言える国になってください。

強いもの、長いものに必ず巻かれることばかりを考える、本音を言えない国から脱皮《だっぴ》してください。

「香港《ホンコン》に自衛隊など、日米英の軍を送ってください」

アグネス・チョウ守護霊　ほんとはね、できたら自衛隊を送っていただきたい。自衛隊を送ってください。本当の願いは、それです。でも、今の政権には、たぶん、できないだろうと思います。私と会わないぐらいだからね。できないだろうけど。邦人《ほうじん》、日本人が（香港《ホンコン》に）二万人いるんなら、避難《ひなん》しか考えないと思う。邦人を日本に移すことしか考えないだろうけど、二万人の日本人がいるなら、「邦人保護」の名目で、どうか自衛隊を送ってください。

そうしたら、アメリカも動きますから。アメリカは絶対に動くから。アメリカが先に動いてくれることばかりを待っている日本だと、何も世界は動かない可能性があります。

この本を読む人が多いのか少ないのか知らないけれども、できたら、「邦人保護」の名目でいいから、香港に自衛隊を送ってください。そうしたら、アメリカ軍も絶対に来る。

そして、「〝大英帝国《ていこく》〟にはまだ責任が残っている」と言ってボリス・ジョンソン（首相）を動かし、あっちからも（軍を）送らせてください。

アメリカ、イギリス、日本の三つが軍隊を送ってきたら、われわれは戦い続けることが可能です。

ただ、みんなが〝知らん顔〟をした場合には、われわれは倒《たお》され、台湾も次に倒されることになると思います。

「戦うべきは今」――これは革命、独立を目指す

アグネス・チョウ守護霊　「戦うべきは今」だと私は思います。

私の命なんて、それは習近平の心一つです。「十月一日までに〝お掃除《そうじ》〟をしろ」ということに、私を葬《ほうむ》ることまで入っているなら、私を殺すことができる可能性のある人にとっては、おそらく百通りぐらいの殺し方があるでしょう。

事故なんかいくらでも起こせますからね。クレーン車が急に回転して殺したって構わないし、火が点《つ》いて火事になったって構わないし、内部分裂《ぶんれつ》、内部抗争《こうそう》で殺されたように見せてもいいし、警官の流れ弾《だま》が当たってもいいし、いくらでも研究していると思いますよ。

そして、「その結果、どうなるか」まで研究していると思います。

ただ、私たちには、千人、二千人、一万人、そのぐらいが死ぬ覚悟は、もうできています。

これは「革命」です。「独立」を目指す方向に、だんだん率いていくつもりでいます。

日本のみなさんの応援《おうえん》を期待しています。

綾織　ありがとうございます。この一カ月、私たちも、精一杯《せいいっぱい》、戦ってまいります。

「私が生きている間に、神の栄光を地上に」

アグネス・チョウ守護霊　日本はね、もうちょっと「意思決定」と「行動」を早くするようにしないといけませんね。まあ、空気ばかりを読んでいるような日本ではいけないね。

習近平、さっき聞いたと思うけど、本当に人々の幸福を考えてないね。世界最大の権力者になることが目標だね。でも、これ、許したらいけない。そう思いますね。

私が生きている間に、できたら、神の栄光を地上に降ろしてください。お願いします。
いろんな方が応援してくれていますけど、霊界《れいかい》の方は、この世の力は持っていません。私たちのことは銃弾《じゅうだん》一つで殺せます。だから、それを防ぎ切ることはできないかもしれません。軍隊の投入を決断したら、三日以内に、主要メンバーはほとんど殺されるか、収監される可能性は強いと思います。香港では隠《かく》れるところがありませんから。もう、隅《すみ》から隅まで制圧可能だと思います。
自衛隊は送れないでしょうね……。でも、いちおう、お願いはしておきます。助けに来てください。お願いします。

釈　分かりました。

綾織　ありがとうございます。

幸福の科学の香港《ホンコン》の支部も頑張《がんば》っている、頼《たよ》りにしている

アグネス・チョウ守護霊　ああ、幸福の科学の（香港《ホンコン》）支部の方も頑張《がんば》ってくださってはいます。「何かのときに、何かのことがあったら、幸福の科学の支部に逃《に》げ込んでください」みたいな感じの声のかけ方はしてくれていますから。頼《たよ》りには、少しはしています。

ただ、香港にあるかぎり、人民解放軍が来たら、国ごと取れる人民解放軍ですから、〝小さな都市国家〟なんか踏《ふ》み潰すのは簡単でしょうけども。

でも、やれるところまでやります。

そんなことを考えてくれる人が少しでも日本に増えることを祈《いの》ります。

釈　私たちができることを全力でやります。

アグネス・チョウ守護霊　はい。ありがとうございました。

9　霊言《れいげん》を終えて――迫《せま》る有事、日本は早く判断し、行動を

強硬路線《きょうこうろせん》の習近平氏、日米英とＥＵの覚悟《かくご》がないと止められない

大川隆法　（手を二回叩《たた》く）さあ、「悲劇」が来るかどうかはちょっと分かりませんが、習近平氏は、こんなことで挫折《ざせつ》していたら「台湾取《たいわんと》り」ができないでしょうから、結果的には、多数決を採ろうが、独裁、個人でやろうが、強硬路線《きょうこうろせん》にも転じるだろうと思います。それを防ぐには、やはり、アメリカ、イギリス、日本、ＥＵも含《ふく》めて、そのあたりが肩入《かたい》れする覚悟《かくご》を持たないかぎり、止められないでしょうね。

しかし、そこで〝逆回転〟が起きた場合には、「香港《ホンコン》を護《まも》る」ことが、今度は、ウイグルの蓋《ふた》を開《あ》け、チベットの蓋を開け、内モンゴルの蓋を開け、というように、「独立運動」があちこちで起きるきっかけになります。それは、習近平氏の最も恐《おそ》

れることでもあるでしょう。

「正しさ」がなければ、統治は正当ではない

大川隆法　「統治しても平和であれば、それがいちばんいい」という考えもあるけれども、本当は、「正しさがなければ、その統治は正当だとは言えない部分がある」と思うのです。このあたりのところは、「正義とは何か」という問題かと思います。

幸福の科学の教えも、広げられるだけ広げておくことが大事ではないでしょうか。それと同時に、今、香港からの移民を計画している人もそうとう多いようなので、多少、日本国内にもそういう余地をつくっておくことは大事かもしれません。おそらく、政府はすごく判断が遅《おそ》いと思うのですが、できることはすることが大事でしょう。

香港《ホンコン》と朝鮮《ちょうせん》有事、日本は早くシミュレーションしておくべき

大川隆法　誰《だれ》にも死んでほしくはないのですが、でも、次は間違《まちが》いなく「台湾」ですから。台湾の次は、「沖縄《おきなわ》」にも来ます。

文在寅《ムンジェイン》大統領もちょっとおかしくなっているのか、日本との軍事協定（軍事情報包括《ほうかつ》保護協定〔GSOMIA《ジーソミア》〕）を破棄《はき》する決定をしたあと、今、タイと結ぼうとしているようです。これは、いったい何がしたいのか、さっぱり分かりません。タイと協定を結んで軍事情報をお互《たが》いに交換《こうかん》しても、いったい何ができるのか、私にはまったく分からないので、悩乱《のうらん》しているとしか思えません。

それから、紛争《ふんそう》が「香港《ホンコン》」と「朝鮮半島《ちょうせんはんとう》」の両方で起きてくる恐れがあるので、日本の国家は、もっと素早《すばや》く判断して行動できるようシミュレーションをしておかないと、このままでは駄目《だめ》なのではないでしょうか。

今のところは、そういう予言者《よげんしゃ》的な活動しかできていないのですけれども、ない

よりはましかもしれません。安倍《あべ》首相たちが頼《たよ》りにするものも、ほかにはないようなので、当会から言うしかないと思っています。

〝鎖国《さこく》〟しても安全ではないのに、マスコミは争点すり替《か》えで現状維持《いじ》

大川隆法　幸福実現党も、次ぐらいの国政選挙では何とか勝ちたいものですね。マスコミも左が強いので、争点をすり替《か》えて、うちが勝てるようにはしないで、ずっと現状維持《いじ》に走っていますのでね。外国でいろいろなことが起きているし、少しは考えが変わればよいのですが。基本的には、やはり「鎖国思想《さこくしそう》」があるようです。「一国平和であればいい」と思っているのでしょうけれども、今は、海が護ってくれるとは必ずしも言えないでしょう。

「韓国《かんこく》が北朝鮮と一体化することで、日本を攻撃《こうげき》する体制だってつくることができるんだ」と、文大統領の守護霊が言っているのを見れば、「日本は海があるから〝鎖国〟で安全だ」とは言えないかもしれません。こちらこそ〝主体思想〟を持た

ないといけないでしょう。
もうひと粘《ねば》り必要かと思います。

綾織　はい。頑張《がんば》ってまいります。

政治もマスコミも国民も幸福の科学も動きが遅《おそ》かった

大川隆法　習近平氏とアグネス・チョウさん、両者の意見を紹介《しょうかい》いたしました。でも、当会でこれを出しても、どうせ、一万部か二万部しか出ないんですよね。

綾織　いえいえ。いろいろな手段で広げることができると思いますので。

大川隆法　外部の人で読んでいるのは、千部か二千部でしょうから、影響力《えいきょうりょく》が極《きわ》めて限られています。

釈　必ず拡散いたします。

大川隆法　海外版はオンデマンドでちょっと刷って、百部か二百部程度配っているぐらいなのではないのでしょうか。

綾織　日本政府の中枢《ちゅうすう》やアメリカの中枢にも、しっかりと伝えてまいります。

大川隆法　われわれも力が足りませんでした。少々動きが遅《おそ》かったかもしれません。もっとも、日本の役所も遅いし、政治も遅いし、マスコミも遅いし、国民も遅いですから。いや、本当に厳しいですね。

日本には「もう少しはっきり言う人」が出なければならない

大川隆法　北方領土について戦争発言をした例の議員（丸山穂高《まるやまほだか》氏）がN国党（NHKから国民を守る党）に行って、竹島《たけしま》のことについて、「戦争しかないのではないか」というようなことを言ったら、またそれがマスコミで書かれるぐらいのレベルなのです。

左翼《さよく》マスコミも、先般《せんぱん》は、「島根県の竹島に韓国の国会議員が上陸した」と報道していました。

しかし、それが日本の国のものだと言うのならば、日本はそれに対して、「遺憾《いかん》に思う」ではなく、やはり、「領土を侵犯《しんぱん》された」として自衛隊が行動をしなければいけないはずなのですが、ここはしてはいけないらしいです。

まことに、この国の思考回路にも分からないところがあります。もう少しはっきりと言う人たちが出てこなければいけないと思います。

まあ、頑張りましょう。

質問者一同　はい。ありがとうございます。

大川隆法　ありがとうございました。

「霊言現象《れいげん》」とは、あの世の霊存在の言葉を語り下ろす現象のことをいう。これは高度な悟《さと》りを開いた者に特有のものであり、「霊媒現象《れいばい》」（トランス状態になって意識を失い、霊が一方的にしゃべる現象）とは異なる。

なお、「霊言」は、あくまでも霊人《れいじん》の意見であり、幸福の科学グループとしての見解と矛盾《むじゅん》する内容を含《ふく》む場合がある点、付記しておきたい。

第3章　天草四郎《あまくさしろう》の霊言《れいげん》

二〇一九年九月四日　収録
幸福の科学　特別説法堂《せっぽうどう》にて

天草四郎時貞《あまくさしろうときさだ》（一六二一?～一六三八）

江戸《えど》時代初期のキリシタン。本名は益田《ますだ》四郎時貞。長崎《ながさき》留学から天草に戻《もど》った後《のち》、さまざまな奇跡《きせき》を起こし、マルコス宣教師が予言《よげん》した「神の子」の再来と噂《うわさ》される。一六三七年、重税と圧制、過酷《かこく》なキリシタン弾圧《だんあつ》に対して起きた「島原《しまばら》の乱」で首領となり、島原半島の原城《はらじょう》に籠城《ろうじょう》するも、九十日にして落城。一揆《いっき》軍は全滅《ぜんめつ》した。

質問者

大川紫央《おおかわしお》（幸福の科学総裁補佐《ほさ》）

神武桜子《じんむさくらこ》（幸福の科学常務理事 兼《けん》 宗務《しゅうむ》本部第一秘書局長）

［質問順。役職は収録時点のもの］

１　イエス・キリストの魂《たましい》との関係を語る

香港《ホンコン》で起きているのは、「唯物論《ゆいぶつろん》国家 対 宗教勢力」の戦い

大川隆法　（大きく息を吐《は》く）日本の徳川《とくがわ》時代の初期に九州に現れて、民衆を扇動《せんどう》して、キリスト教を広めようとした天草四郎《あまくさしろう》よ。一揆《いっき》を起こして、徳川幕府に鎮圧《ちんあつ》された天草四郎よ。

どうぞ、幸福の科学に降りたまいて、その本心を明かしたまえ。天草四郎の霊《れい》よ、天草四郎の霊よ。天草四郎の霊よ……。天草四郎の霊よ、天草四郎の霊よ。

（約十秒間の沈黙《ちんもく》）

天草四郎　（歌うように）ウーン、ウン、ウン、ウン、ウン、ウン。ウーン、ウッ、ウッ、ウッ、ウッ、ウ、ウ、ウ、ウ、ウーン、ウーン。アッ、ウン、ウン、ウン、ウッ、ウ、ウ、ウ、ウウーン、ウーン、ウウウ～ン♪　ウン、ウン、ウーン♪　ウン♪　ウン♪　ウン♪　ア～、ハ～、ウ～ン、ウン、ウン、ウン♪　アッ、ハッ♪　ハッ♪　ハッ♪　フ～ン、フ～ン♪　ハッ、フッ、フ～ン♪　フ～、フ～、フ～ン♪

大川隆法　何かの歌を歌っている、これ。

大川紫央　賛美歌《さんびか》？

大川隆法　賛美歌みたいなのかな？

天草四郎　ホ〜ホ〜、ホ〜♪　香港《ホンコン》の〜、みなさん。つらいでしょうが〜、頑張《がんば》ってください……。ホッ、ホッ、ホ〜♪　オ、オ〜♪　オ〜、オ〜♪

神武　こんにちは。

天草四郎　こんに〜ち〜は♪

神武　天草四郎さんで、よろしいですか。

天草四郎　ああ、そう〜かも、し〜れないと〜思うのですが〜♪　なぜか、歌を歌ってし〜まうのは〜、どうしてなんでしょ〜うか♪

神武　冒頭《ぼうとう》で、何の歌を歌われていたんですか。

天草四郎　ウウ～ン♪　賛美歌～♪　かな？

大川紫央　イエス様への歌ということ？

天草四郎　ン～ン～♪　そ～うね♪　う～ん、賛美歌はいいねえ。香港で、賛美歌を歌ってる。天に聞こえているよ。

大川紫央　なるほど。

天草四郎　香港のみなさ～ん。天上界《てんじょうかい》からも、ちゃんと見ているよ。

大川紫央　島原《しまばら》の乱を起こされて……。

天草四郎　うん。

大川紫央　当時、日本では、キリスト教の活動が弾圧《だんあつ》されていましたからね。

天草四郎　香港も、キリスト教が中心。イギリス領だったから、キリスト教が中心でしょうけどもね。

大川紫央　はい。

天草四郎　だから、これは、「無神論・唯物論《ゆいぶつろん》国家 対 キリスト教中心の宗教勢力」の戦いですね。

イエスと天草四郎、イエスとアグネス氏の魂《たましい》の関係

大川紫央　昨日《さくじつ》（九月三日）、香港の「民主の女神《めがみ》」と呼ばれているアグネス・チョウさんの守護霊《しゅごれい》様に、お話をお聞きしました（本書第2章参照）。

天草四郎　うん、うん、うん。

大川紫央　そのときに、「天草四郎」という名前が出たのですが、アグネス・チョウさんとは、どのようなご関係なのでしょうか。

天草四郎　うーん……、（関係は）あるね。

大川紫央　どういうご関係になりますか。

天草四郎　私は宗教家が中心ですけど、政治運動の、デモクラティックな民主主義的な宗教運動が好きで……。

大川紫央　はい。

天草四郎　かつまた、「信仰《しんこう》」や、「祈《いの》り」や、もちろん「病気治し」や、「奇跡《きせき》」等にも関心があるので、多少、そういう奇跡的なことも起こせる魂《たましい》なんでね。

大川紫央　なるほど。

天草四郎　うん。だから、広い意味で、イエス様をかたちづくっている衛星群《えいせいぐん》みたいな魂があるんですよね。

大川紫央　はい、はい。

天草四郎　だから、ジョン・レノンなんかは、わりに近いし、あと、宗教改革で火あぶりになった人たちがたくさんいるよね？

大川紫央　はい。

天草四郎　ああいう人たちは、みんな、だいたい知り合いだね。

大川紫央　知り合い？

天草四郎　うん。

●ジョン・レノンなんかは……　『ジョン・レノンの霊言』（幸福の科学出版刊）参照。

大川紫央　あなた様とイエス様のご関係は？

天草四郎　イエスは親だから。

大川紫央　はい、はい、はい。

天草四郎　イエスは親で、イエスクラスの仕事をする分身《ぶんしん》もいるけれども、そこまではいかないレベルの、さらに、うーん……。

大川紫央　欠片《かけら》？

天草四郎　分霊《ぶんれい》はいるんですよね。

神武　オスカー・ワイルド様みたいな。

天草四郎　そうそう、そんなふうな感じ。

大川紫央　「A《ア》 piece《ピース》 of《オブ》 Jesus《ジーザス》 Christ《クライスト》」ですね。

天草四郎　うーん。ジョン・レノンも、イエス本体までは迫《せま》れないんじゃないかなと思いますけどね。

大川紫央　はい。

天草四郎　オスカー・ワイルドも、そういうことを少し言っていましたが、「イエ

●オスカー・ワイルド……　2019年8月30日収録「オスカー・ワイルドの霊言」参照。

スの魂の欠片が入った人」っていうのは、歴史上いっぱいいるんですよ。少しずつ、欠片が入っているようなのはね。

2　日本史のＩＦ《イフ》——織田信長《おだのぶなが》と近代化

「私はあの時代、日本にキリスト教を広める使命を帯びて、来た」

大川紫央　それは、（イエス様から）指導も受けたけれども、魂《たましい》としても近くて、そのイエス様の魂からつくり出されたようなところがある存在ということですか。

天草四郎　だから、私は日本にキリスト教を広める使命を帯びて、（生まれて）来たよね。

大川紫央　はい。

天草四郎　だから、フランシスコ・ザビエルとか、ああいう人が上陸して、宣教師をして、日本の九州に信者がいっぱい増えてね。今のキリスト教徒の数よりは、多かったかもしれない、もしかしたら。

そこまで流行《はや》ったのに、やっぱり政治に弾圧《だんあつ》されて、阻《はば》まれたので。政治が軍事力を持ってやればね。

それがなければ、もっと広がったと思うんだけどね。徳川《とくがわ》幕府が、儒教《じゅきょう》を入れてね、「日本の中国化」っていうか、「属国化」をちょっとやったよね。

大川紫央　ああ。

日本は信長《のぶなが》時代に近代化する可能性があった

天草四郎　だから、（日本を）停滞《ていたい》させて、明治維新《いしん》が遅《おく》れた。（織田《おだ》）信長《のぶなが》のところで、明治維新の先走《さきばし》り、近代化が起きる可能性があった。キリスト教を入れていたら、確実に西洋化したから。

だから、三百年から四百年遅れたかもしれないね。うーん……。

大川紫央　その話は、ほかの霊言《れいげん》でも、確か出てきていました。

神武　（徳川幕府が儒教を入れて、日本を中国の属国化したというのは）ハメネイ師（守護霊《しゅごれい》）だったかもしれない。

天草四郎　ああ、そうか。うん。

信長以降、近代化することも可能で、近代ヨーロッパも、そのころからもう始まっているんで、その潮流《ちょうりゅう》に乗ることはできたんですけどね。

だけど、（キリスト教は）攻《せ》められてね、まあ……。

●ほかの霊言でも……　『織田信長《おだのぶなが》の霊言』『太閤秀吉《たいこうひでよし》の霊言』『軍師・黒田官兵衛《くろだかんべえ》の霊言』『「太平天国《たいへいてんごく》の乱」の宗教革命家 洪秀全《こうしゅうぜん》の霊言』（いずれも幸福の科学出版刊）参照。

大川紫央　天草四郎さんとして生まれたときは、日本のなかの何といちばん戦ったことになるのでしょうか。

天草四郎　いや、今の香港《ホンコン》と一緒《いっしょ》だと思いますよ。「統一と秩序《ちつじょ》の安定」だと思います。

大川紫央　ああ。統一と秩序の安定が来るけど、その代わり、個々の人間の幸せとかは、かなり薄《うす》くなっていくと……。

天草四郎　だから、そういう「幕府の維持」が大切で、要するに、将軍がお世継《よつ》ぎに恵《めぐ》まれること？

大川紫央　はい。

●ハメネイ師（守護霊）……　『リーダー国家 日本の針路』（幸福の科学出版刊）参照。

天草四郎　今の天皇家もそうだけどね。お世継ぎに恵まれて、代々《だいだい》継げること？

大川紫央　うーん。

天草四郎　「封建《ほうけん》制の完成」が、徳川幕府だよね？

大川紫央　はい。

天草四郎　私たちは、もうちょっと、自由で平等な、信仰《しんこう》に基《もと》づく国をつくろうとしていたんで。

大川紫央　江戸《えど》時代も、やはり身分制がありまして。

天草四郎　そうだね。固定されたね。

大川紫央　その結果の明治維新ですからね。

天草四郎　そうですね。だから、明治維新で死んだ人もいっぱいいるけど、似たような人は、九州にもいるんですよ、ほんとはね。

だから、〝結構な人〟は出ていたんですけどね。まあ、敗れたっていうかね。まあ、中国……。昔の平安時代にもあったけどね。「中国文化圏《けん》から抜《ぬ》けるか抜けないか」という判断はあったわけで。今も、引っ張り合っているんでしょうけどね。キリスト教は日本に入らないしね。

大川紫央　うーん。

3　香港《ホンコン》のキリスト教の抵抗《ていこう》を日本が助けよ

香港もキリスト教文化圏《けん》

天草四郎　だけど、香港《ホンコン》には、キリスト教文化として西洋文化が入ってきているので、キリスト教を潰《つぶ》せば、西洋も消える、たぶんね。まあ、そういう関係ね。
地政学的には極《きわ》めて厳しい。中国の端《はし》っこなので、攻《せ》められたら逃《に》げるところがない。すごく人口密度の高い都市なんで、そうとうな大量殺戮《さつりく》が可能な場所ですね。戦車とか、空爆《くうばく》とかを入れられたら、ほぼ……、ものすごい人数が死ぬことになるから、早くボートをいっぱいつくっておかなきゃいけないぐらい。

大川紫央　確かに、それほど広くないので、逃げ場所がないですよね。

天草四郎　逃げるなら、ボートをつくって、台湾《たいわん》に逃げるしかないですね、早めにね。軍隊が入ったら、とりあえず台湾に逃げて、台湾から次のところへ逃げるしかないけど。中国は、逃げ場がないように、今、世界中に中国の拠点《きょてん》をつくろうとしてるんで、逃げるところがないですよね、今、ほんとね。
だから、今、いちばん大事なのは、やっぱり、「日本がしっかりすること」が大事ですね。

大川紫央　はい。
香港《ホンコン》を日本が引き受ける気持ちがないといけない

天草四郎　「香港《ホンコン》の七百万人ぐらいを日本で引き受ける」ぐらいの気持ちがあれば、カジノをつくる代わりに金融《きんゆう》都市をつくったらいい。

大川紫央　確かに。

天草四郎　ね？　七百万人ぐらい、引き受けられますよ、日本で十分に。そうしたら、すごく繁栄《はんえい》する。華僑《かきょう》が入ってくる感じになるから。

4　マルクス主義を信仰《しんこう》で打ち破るイエスの光

イエスのエネルギー体の分光《ぶんこう》の様子

大川紫央　天草四郎様は、アグネス・チョウさんとして転生《てんしょう》しているということではないですか？

天草四郎　うーん……。（約五秒間の沈黙《ちんもく》）それを言えば、未来が見えてしまう。

大川紫央　いえ。いつの時代も、若くして亡《な》くなることもあれば、そのまま事《こと》を成《な》すこともある。長生きすることもあるし。

天草四郎　「つながっている」と言っていいでしょうね。

大川紫央　魂《たましい》のきょうだい？

天草四郎　うん、そういうレベルでね。蛍光灯《けいこうとう》の中心部分として「イエス様の部分」があって、外側に、シャンデリアみたいにいっぱい付いているのがあるけどね。あんなような感じで、つながってはいる。

大川紫央　では、アグネス・チョウさんは「イエス様の欠片《かけら》」？

天草四郎　まあ、欠片ぐらいかな。

大川紫央　すごいですね。

天草四郎　オスカー・ワイルドとか、天草四郎とか、この流れでは、まあ、天草四郎だったら、フスだとかさ、そんなの、ほかにもいっぱいいるでしょう?

大川紫央　ああ。

天草四郎　そんなのと、今も似たようなもんだから。それは、日本で……。

大川紫央　イエス様という大きな魂のエネルギー体の周りに、たくさんあるのですね?

天草四郎　そういう魂は、「本体《ほんたい》一・分身《ぶんしん》五」じゃないんで。「本体一・分身五」というよりは、その周りに、さらに十幾《いく》つぐらいの分身がまだあるんでね。

●本体一・分身五　人間の魂は、原則として「本体が1人、分身が5人」の6人グループによって構成されている。これを「魂のきょうだい」といい、6人が交代で、一定の期間をおいて違う時代に地上に生まれてくる。なお、霊界の高次元世界においては、巨大なエネルギー体の一部が必要に応じて自在に分光していくかたちとなる。

だから、つながっていると思うから。

神武　オスカー・ワイルドさんは、魂のきょうだいですか。

天草四郎　一部分は受け継《つ》いでいるんでしょうね。何だろうかね、うーん。

大川紫央　「魂のきょうだい」というよりは……。

神武　つながっている？

大川紫央　親のエネルギー体から分光《ぶんこう》してきている？

天草四郎　うーん、「ひまわりの花びら」みたいなもので。

神武　なるほど。

天草四郎　「一つのひまわりの中心部分の周りに、花びらがいっぱいある」というのは分かってるんですけどね。

そういう意味で、つながってるとは思っているけども、イコールで完全には結べないから。

これからさらにイエスの光が流れ入《い》る

大川紫央　「流れてきているエネルギーのもとを辿《たど》れば、同じところから光をもらっている」ということでしょうか。

天草四郎　だから、アグネス・チョウにも、イエスの光は、これから流れ入《い》ってくると思いますよ。

大川紫央　「もっと指導が入っていく」ということですか。

天草四郎　そういうことですね。

幸福の科学が応援《おうえん》したくなっている理由も、そこにある。

大川紫央　イエス様は、本当に働き者ですね。

天草四郎　この前ね、台湾《たいわん》でも、イエスは、対中国で言っていたけど、やっぱり、香港《ホンコン》でも言いたいし、カナダでも言いたいし。

大川紫央　なるほど。

●台湾でも……　2019年3月3日、台湾・グランド ハイアット 台北《タイペイ》にて行った講演「愛は憎しみを超えて」の支援霊はイエス・キリストであった。『愛は憎しみを超えて』『メタトロンの霊言』(共に幸福の科学出版刊) 参照。

天草四郎　「対中国」の、「マルキシズムを信仰《しんこう》で打ち破る」というのを、イエスは今、情熱をかけてやっているからね。

5　人類史上でキリスト教文明が果たした幅広《はばひろ》い役割

明治期、世界はアジアを日本に任せようとしていた

天草四郎　徳川《とくがわ》時代は、中国的なるものに日本は負けたけど、その中国（清《しん》）が、アヘン戦争が起きてイギリスに負けたことでグラグラになって、それで日本の力が増大して、朝鮮《ちょうせん》半島統治、中国統治を任されていたのでね。あれは先進国が任していたんでね。

先の大戦で日本の軍が暴走しただけじゃなくて、そういう、日清戦争以降は、日本に信頼《しんらい》が集まって。みんな、イギリスも、アメリカも遠いからね、「近くの日本に任そう」ということで、先進国入りで、〝G7《ジーセブン》〟に入ってたのよ。〝G5《ジーファイブ》〟ぐらいに入ってたから、あのころ。日清、日露《にちろ》まで勝ったら、日本の地位が固まってた

からね、G5ぐらいに入ってたんで。

だから、日本が先の大戦だけで、突如《とつじょ》暴走して、おかしくなったわけではなくて、世界の気運としては、「やっぱり、日本にアジアを任そう」っていう感じで、「中国は駄目《だめ》だし、北朝鮮・韓国《かんこく》（朝鮮半島）は駄目だし」っていうことだったね。

中国の南部が発展しているのは、イギリスの文化が入ったから

天草四郎　香港《ホンコン》は植民地で。まあ、インドはやっぱり宗教大国だったからね。イギリスは、インドの植民地化には成功してない、搾取《さくしゅ》したけど、香港は、繁栄《はんえい》に導けたからね。上海《シャンハイ》だって、イギリスの繁栄は来てたからね。中国南部が今、繁栄してるのは、やっぱり、ヨーロッパの、特にイギリス文化が入っていたからで。

大川紫央　「今、香港の警察の上層部のなかには、まだイギリス人の人たちも一部、残ってはいるけれども、取り締《し》まるほうに行っている」というような話もあると聞

きました。

天草四郎　香港デモ隊は、過激化するし、火炎瓶《かえんびん》とかね？　そろそろ、暴力的な部分も出てきてるからあれだけど、まあ、武装してるのは向こうで、拳銃《けんじゅう》を持ってるしね、その他の武器も持ってるからね。もうすぐ、装甲車《そうこうしゃ》が入ってくる可能性があるから。

大川紫央　（幸福実現党の）釈《しゃく》さんたちも、「デモの人たちが、そういう武装兵器を持っているのではなくて、警察や軍のほうが持っていて、それを使っているのに、デモの人たちが、すごい危険分子にされている」というように、反対のことを書かれているようなことは言っていましたね。

天草四郎　うん。報道もね、そういうふうな報道を、中国本土のなかでやっているんですよ。

大川紫央　なるほど。

天草四郎　だけど、七百万、人質《ひとじち》になってるよ、今ね。これ、下手《へた》すると、すごいことになるから。

だから、トランプさんも今、頭がほかのことでいっぱいかもしれないけど……。

大川紫央　トランプさんには、イエス様からの指導は入らないんですか。

天草四郎　トランプさん、今、貿易のことで頭がいっぱいだからね。

大川紫央　そうですか。中国との……。

天草四郎　うーん。軍事まで一緒《いっしょ》には、ちょっと行けない。あっちも兵線を広げてて、イランも入ってるしね。ちょっと、北朝鮮もあるし。もうちょっと、参謀《さんぼう》がいないと動けないかもね。

清朝《しんちょう》のキリスト教革命家・洪秀全《こうしゅうぜん》とイエス系霊団《れいだん》の関係は

大川紫央　「洪秀全《こうしゅうぜん》」というお名前も、アグネス・チョウさんの守護霊様から出たのですけれども、そことのご関係は？

天草四郎　うーん……。それは、上の次元で仲間なんじゃないですかね。

大川紫央　ああ。確か、「洪秀全さんは、ゾロアスターさんの分霊《ぶんれい》のような感じ」ということですから、（あなたは）イエス様のそういう存在になるわけですからね。

●ゾロアスター（紀元前８世紀頃）　ゾロアスター教の開祖。古代イラン地方にて「善悪二元」の教えを説いた。その後、同じくイラン地方にマニ（215 ～ 275）として転《てん》生《しょう》し、マニ教の開祖となった。九次元存在。『太陽の法』『ゾロアスターとマイトレーヤーの降臨』（共に幸福の科学出版刊）等参照。

天草四郎　うん、まあ……。ただ、そういう高次元の人が出ても、現代だと、宗教家で出たら〝反乱分子《はんらんぶんし》〟で鎮圧《ちんあつ》されるぐらい、「近代軍隊というのは強い」っていうことですよね。

だから、そのへんは難しいところで、やっぱり、政治のほうまで配慮《はいりょ》しないと、宗教革命はできないっていうことですよね。だから、日本を、左翼《さよく》が言うように弱体化させてはならない。

ただ、香港を応援《おうえん》したりしてると、左翼のようにも見えるけどね。でも、実際は、あんまり弱くなると、本当に、韓国だってね、「日本の島（対馬《つしま》、佐渡島《さどがしま》）から九州を取る」とか言っているぐらいですから。やっぱり、もうちょっと強くならないといけないわね。中国もあの（軍備）増強の仕方は、半端《はんぱ》じゃないからね。

だから、香港を単に「見せしめ」だけで終わらせるのか、それを「新しい革命」の方向にするのか。そのへんを最終的に決めるのは、エル・カンターレだと思いま

●韓国だって……　『断末魔の文在寅《ムンジェイン》　韓国大統領守護霊の霊言』（幸福の科学出版刊）参照。

すよ。
やはり、イエスの魂《たましい》は、地上においては、よく敗れることが多いので。勝てるのは、「エル・カンターレの魂」なので。あなたがたの活動は、大きいと思いますね。

大川紫央　重要なんですね。

日本にキリスト教を広めたザビエルの驚《おどろ》きの過去世《かこぜ》

天草四郎　私たちは、九州で独立運動を起こしたが、殲滅《せんめつ》されていますのでね。

神武　当時、天草四郎さんが生まれた使命というか、計画としては、「日本を丸ごと、キリスト教の国にしよう」という感じだったのですか。

天草四郎　もう、〝パウロ〟が日本伝道にまで来てたからね。

大川紫央・神武　パウロ？

神武　そこを詳《くわ》しくお願いします。

天草四郎　うん、（フランシスコ・）ザビエル。

大川紫央　ああー！

神武　ザビエルは、実はパウロ？

大川紫央　パウロの生まれ変わりなんですね？

天草四郎　うん。

神武　ほおー。

大川紫央　ザビエルさんについて、朝、テレビを観《み》ていたら、ちゃんと、インドにもキリスト教を伝道しに行ったりしていましたが、本当に世界を回っていったんですね。

天草四郎　世界を回ってる。

神武　世界で有名。

天草四郎　あなたがたも、今、やっていることでしょうけどね。だから、「不惜身《ふしゃくしん》命《みょう》は昔もあったよ」っていうことね。

大川紫央　あったんですね。

天草四郎　当時の九州の大名まで信者にしてたからね。

神武　そうですね。

天草四郎　けっこう広がってはいたんだけどね。だから、国のトップが強いんだよね。

大川紫央　やっぱり、儒教《じゅきょう》を入れたとしても、足りないものがあったと思うんですけれども。

天草四郎　ああ、勝てない。勝てなかったことが分かったな。

大川紫央　いや、天上界《てんじょうかい》からの……。

神武　教えとして……。

天草四郎　ああ、それは足りない。足りなかったね。

大川紫央　その時代の日本を神の目から見たときに、例えば、どのようなものが足りないと思われていたのでしょうか。

天草四郎　うーん……、やっぱり、「愛」が足りないから。要するに、「人権」が薄《うす》いわね、どう見てもね。

神武　なるほど。

大川紫央　徳川家が（儒教で）行《おこな》ったのは、「代々《だいだい》、いかに継《つ》いでいけるか」というシステムづくりでしたものね。

天草四郎　うん、うん。儒教も、身分制社会をつくるのに役立ちますからね。

大川紫央　そうですね。

神武　抵抗《ていこう》できない体制。

天草四郎　近代の民主主義は、各人に能力開発を認めることだからね。

イエスの魂《たましい》の幅広《はばひろ》い活躍《かつやく》

大川紫央　本当に、「Power to the People《パワー　トゥ　ザ　ピープル》」（一九七一年に発表されたジョン・レノンの楽曲《がっきょく》）につながるんですね。

天草四郎　そうだよ。一緒だよ。私だってジョン・レノンの歌を歌えるよ。

大川紫央　歌えますね。なるほど。

天草四郎　けっこう、イエスは、今、幅広《はばひろ》くちりばめられているんで、そうとう出てきてる。

大川紫央　やっぱり、イエス様の秘された面が……。

天草四郎　ええ、「金粉《きんぷん》」とは言わないが、〝金塊《きんかい》〟が撒《ま》かれてるので。

大川紫央　へえー……。

神武　あらゆる分野に、そういった方々がいらっしゃるんですか。

天草四郎　だからね、エル・カンターレは、もう一段、高いところから見ているので。いつも犠牲《ぎせい》になるのはイエスなんですよ、だいたい。

大川紫央　でも、そういう役割ということですよね？

天草四郎　そう。イエスやゾロアスターとかが、だいたい、殺されに生まれてくる。

大川紫央　では、本当に〝メタトロン様〟なんですね。

●メタトロン　幸福の科学のUFOリーディングにより、射《い》手《て》座のインクルード星から来た「メタトロン」と名乗る宇宙人は、イエス・キリストの宇宙の魂（アモール）の一部であり、6500年ほど前にメソポタミア地方に生まれたことが明かされた。『メタトロンの霊言』（前掲）参照。

6　天上界《てんじょうかい》が起こす「十四億の大中国、転覆《てんぷく》」のうねり

中国のどこに革命家が生まれているか、今は言ってはいけない

神武　ちなみに、「洪秀全《こうしゅうぜん》さんが、今、どちらにいらっしゃるか」とかいうことは、ご存じですか。

天草四郎　ああ、「どちらに」って？　うん？　どう言やいいの？

神武　地上……。

天草四郎　「何番地」とか、そういう？

神武　（笑）（洪秀全の霊言《れいげん》では）中国にお生まれになっているような感じだったんですけれども。

天草四郎　あっ、それはあるかもしれませんね。

大川紫央　まだ、今、出てきていない〝隠《かく》し球《だま》〟がいるということですか。

天草四郎　それは……、いやあ、香港《ホンコン》が制圧されても、まだ、ほかにも、ウイグル、チベット、内モンゴル、および、それに抗《こう》する勢力が内部から出てきますから。それは、言ってはいけない。潰《つぶ》されるから。

神武　なるほど。

大川紫央　やっぱり、中国的な体制を破壊《はかい》する布石《ふせき》・配剤《はいざい》として……。

天草四郎　一人だけではできないから、場所を分けて、いろんなかたちで、今、入って、大中国、十四億の中国を転覆《てんぷく》させる方向で、天上界《てんじょうかい》の力が働いています。だから、アーリマンの力も強くなってきていますけど。

大川紫央　なるほど。

神武　そうすると、洪秀全さん以外にも、そういった〝隠し球〟というのは……。

天草四郎　います。もちろん、います。

●アーリマン　ゾロアスター教に出てくる悪神。善神オーラ・マズダと対立関係にある。また、幸福の科学の宇宙人リーディングによって明らかにされた、悪質宇宙人たちが信奉している「宇宙の邪神」のこと。『地球を守る「宇宙連合」とは何か』（幸福の科学出版刊）等参照。

神武　なるほど。

天草四郎　もちろん、います。

神武　九次元大霊《たいれい》の分霊《ぶんれい》のような方々が……。

天草四郎　いやあ、そういうところは、まだ明かせないから。そういうリーダー的に見えてこなければ分からないはずですから。

大川紫央　エル・カンターレが地上で活動されているわけですから、やはり、実際に、その方向で仕事をする人たちが世界に生まれて活動しないと、地球を変えられないですよね。

天草四郎　要するに、今、中国を西洋化しようとしてるんでね。

中国・インドの近代化のうねり

大川紫央　では、やはり、天上界のなかでは、「西洋化したほうが人権があり、一人ひとりの人間を、もう少し花開かせることができる」という方向なのですか。

天草四郎　中国の農民で生まれて、農民のままで死ぬのは、もう、かなりきついですからね。

インドだって、たぶん、もうすぐ、「宗教改革」は必要になりますから。ちょっと時差があって。たくさんの神様がいるけど、あれは、もう一段、宗教を整理しなきゃいけない時期が来るから、インドにも出るはずですよ。

中国、インドっていう大きな人口があるところで、その「近代化」というのは、今、ものすごく大事な仕事ですから、犠牲《ぎせい》を出しながらね、そういうリーダーがいっぱい投入されているはずです。
江戸《えど》時代の日本では、徳川《とくがわ》・鎖国《さこく》に阻《はば》まれた
大川紫央　天草四郎さんとしては、その後、転生《てんしょう》はされていないのですか。
天草四郎　だから、まあ……、うーん。
大川紫央　あっ、アグネス・チョウさんですか。
天草四郎　うーん。
大川紫央　そういうことになるということですか。

天草四郎　だから、〝花びら〟なんで。

大川紫央　なるほど。なるほど。イエス様とつながっているエネルギー体としては出ているということ？

天草四郎　うん。だから、そのくらいの奇跡《きせき》は起こすつもりでいますが。

いや、イエスだって……、そう言うけど、イエス自身は個人で死刑《しけい》になった人で、「天草四郎の乱」までも行ってないんで、はっきり言えば。（私も）そんなにバカにしたもんじゃないんですよ。ただ、そのあとが広がらなかったところに問題があっただけで。

幕府は強かったからね。徳川《とくがわ》幕府三百年のほうが強かったために、ええ。で、「鎖国《さこく》する」っていう新しい手を使ったから。「長崎《ながさき》の出島《でじま》だけで、オランダとだけ貿易する」っていう、あれをやったからね。

大川紫央　なるほど。

天草四郎　まあ、それで、日本の独自性も出たけどね。で、中国は明《みん》からあとは下っていっているから。明、清《しん》と下っていくので、中国の昔のよき時代の部分は、徳川時代の日本に〝保存〟された部分もあることはあるんだろうけどもね。

大川紫央　うーん。

現代の中国の宗教・霊界《れいかい》の勢力図はどうなっているのか

神武　今、中国人の神様はどのような状態になっているのかというところが気になりますけれども。例えば、孔子《こうし》様ですとか……。

天草四郎　いや、孔子はもうほとんどいないでしょ。

大川紫央　いないんですか。

天草四郎　うん。ほかの仕事をしてる。

大川紫央　どこに？　宇宙に行っている？

神武　ほかの？　宇宙の仕事ですか。

天草四郎　中国の統治にまったく関心ないね。

神武　まったく？

天草四郎　もう、もう、もう無理、もう無理。

大川紫央　でも、老子《ろうし》様も香港に少し力を入れていると、昨日《きのう》、アグネスさんがおっしゃっていました（本書第2章参照）。

天草四郎　それは〝キョンシー〟みたいな運動でしょうね。

大川紫央　あっ、でも、その唯物論《ゆいぶつろん》……。

天草四郎　そういう民間信仰《しんこう》のほうで言えば、いるんですよ。

大川紫央　そちらのほうをどうにか盛り立てて。

天草四郎　呪術《じゅじゅつ》もあれば、葬式《そうしき》もあれば、そういう霊能者《れいのうしゃ》も中国にはいるんですよ。民間信仰はちゃんとあるんです。「仙人術《せんにんじゅつ》、仙術」っていうのがあって、それの伝統は、まだちゃんとあるんで。

だから、これも、共産党の下《もと》で、裏に隠れてるものですが、そちらのほうはやってるとは思いますよ。

大川紫央　確かに。

では、中国の天上界は、本当にどうすればよいのでしょうか。

神武　例えば、名君と言われた、唐《とう》の李世民《りせいみん》、太宗皇帝《たいそうこうてい》ですとか、そういった方々は応援《おうえん》してくださってはいないのでしょうか。

天草四郎　私、天草四郎なんですよ。

神武　ごめんなさい（笑）。

天草四郎　いったい誰《だれ》に訊《き》いてらっしゃる。

神武　いや、中国（霊界《れいかい》）はどうなっているのかということが気になってしまいまして。

天草四郎　うーん、まあ、中国も、一つの世界観は示したんですけどね。ローマの皇帝制のように、中国も、「何百年かおきに皇帝が出て、王朝をつくる」っていう、一つの世界観を示したんだけどね。

現代の民主主義制度は、もっと気が短くなってるからね。もっと短い単位で〝王朝〟は変わっていくので。

大川紫央　でも、「王朝を統一するためなら、国民への犠牲は特に厭《いと》わない」ということであれば、やはり、そこに生まれるたびに地獄《じごく》が広がりますものね。

天草四郎　大勢の血は流すからね。

ああ、あんた、劉備玄徳《りゅうびげんとく》さんも（中国に）いられないから、〝パンダに化《ば》けて〟住んでるんじゃないですか（注。過去の霊査《れいさ》により、大川紫央の過去世《かこぜ》の一つは劉備玄徳であることが判明している）。

大川紫央　あっ、どうにか生存をして。

天草四郎　千八百頭の（パンダの）なかに紛《まぎ》れて、指揮してるんじゃないですか。四川省《しせん》を護《まも》ってる。

大川紫央　どうにかして、中国をもう一度盛り立てたいと。

天草四郎　関羽《かんう》なんかも、いちおう神様になってるけど、国全体を率いるところまでは行かないからね。

過去の偉人《いじん》のなかに、多少、中国に行ってる人もいるけど、あの今の中国全体を見ることは、ちょっと難しいから。

大川紫央　やはり、習近平《しゅうきんぺい》さんとかのほうの勢力が牛耳《ぎゅうじ》っている感じにはなっているのでしょうか。

天草四郎　極《きわ》めて強い。「悪魔《あくま》的な力」がすっごい強いですね。いや、いつも、民衆の敵として現れてるんじゃないですかね。

7 「人生が生まれによって決まらない」体制を目指して

新しい〝明治維新《いしん》〟が必要

大川紫央　では、やはり、「民主主義は大事であり、信仰《しんこう》の下《もと》の民主主義を広めなければいけない」というのが出てくるわけですね。

天草四郎　だから、「生まれによって、必ずしも決まらない」ってことですよね。そういうことでしょ?

大川紫央　平民に生まれると、そのありがたさが身に沁《し》みますけれどもね。

天草四郎　だけど、それをやるんなら、インドも同じことをやんなきゃいけない。カーストがあるから、これを破らなきゃ。〝明治維新《いしん》〟を起こす必要があるんで。だから、今だって、龍馬《りょうま》さんが必要なんですよね。

日本にもう一度立て直しが入り、それがアジア全域へ広がる

大川紫央　龍馬さんが、最終的に大政奉還《たいせいほうかん》をしてしまったところを、やはり、もう一回やり直さなければいけないですかね。

天草四郎　いやあ、その結末は、もうすぐ日本に出ますので。

大川紫央　なるほど。

天草四郎　ええ、日本も、もう一回、「立て直し」が起きます。幸福実現党は、今、

弱いけど、将来的には弱くないから、たぶん、「体制のつくり直し」が入ります。
これが、二十一世紀の楽しみですよね。だから、日本、中国、朝鮮《ちょうせん》半島、インド、このあたりは全部変わっていきます。

大川紫央　なるほど。

天草四郎　うん。

大川紫央　それも、天上界《てんじょうかい》の計画があるからでしょうか。

天草四郎　はい。もう、私たちみたいな革命家がたくさん生まれていますから。やりますね、きっと。

大川紫央　なるほど。

キリスト教・イスラム教圏《けん》に、革命家が数多く出ている

天草四郎　アグネス・チョウさんの（守護霊）霊言《れいげん》では、やや関係があるということについては、「はい、そうです」と。「イエスの魂《たましい》の一部分が入っていると見ていい」という……。

大川紫央　光が宿《やど》っているということですか。

天草四郎　うん、そうそうそう。まあ、〝身代わり〟みたいなところまでは行かないけどね、うん。そんなものじゃないけど、（イエスの）光を引いている部分のほうが、近代はすごく多い。現代ね。現代、ものすごく多いですね。だから、イエスは頑張《がんば》っていて。キリスト教、二十二億人いるからね。

それから、イスラム教のほうも、今、広がっているから、ここもまた、日本人が知らないだけで、今、イスラム教のほうでも人材は出ているんだろうけどね。今、キリスト教とイスラム教に、中心的に多く出ているからね。うーん。

長崎《ながさき》がキリスト教の地と知られていれば、原爆《げんばく》は……

神武　島原《しまばら》の地は長崎《ながさき》ですけれども、長崎は原爆《げんばく》が落とされた土地でもあります。そのときは天上界からご覧になっていたのでしょうか。

天草四郎　まあ、受難《じゅなん》。受難の地だよね。

神武　うーん。

天草四郎　だから、キリスト教の地だと思えば落とせなかっただろうけど、知識が足りなくて、知らなくて、造船所のほうにしか頭がなかったんでしょうね。うーん。

神は、香港《ホンコン》の繁栄《はんえい》を中国に広げる考え方を持っておられる

大川紫央　それでは、香港《ホンコン》の方々にメッセージがあれば。冒頭《ぼうとう》で、「歌などは天上界にちゃんと届いていますよ」という言葉もあったと思うのですけれども、香港の方々はどんな気持ちを強く持っておけば、天からの御光《みひかり》をよりたくさん頂けますでしょうか。

天草四郎　大川総裁が何年か前に行って講演をされたように、「中国が香港や台湾《たいわん》を接収《せっしゅう》していく方向ではなくて、香港の繁栄《はんえい》が中国に広がるのが、未来としては望ましいという考え方を、神は持っておられる」ということを、自信を持って言うことですね。

香港の自治だけでは足りないです。だから、中国自体を変える必要があるんです。

中国は、次の国是《こくぜ》がもうないんです。やるべきことがないんで。だから、武力で侵《しん》攻《こう》するような、中世の植民地主義みたいなことをやろうとしているから。あれをやろうとしている。

大川紫央　帝国《ていこく》のような、世界史等の歴史で勉強した事柄《ことがら》を、そのまま現代でもやっている感じですからね。

天草四郎　だから、「香港の繁栄が広がることが望ましい」と。

大川紫央　香港の繁栄のようなもののほうが、より多くの人間にとって、自分たち一人ひとりの力を発揮することができつつ……。

天草四郎　いや、習近平《しゅうきんぺい》さんみたいな側から見たら、日本の選挙もそうだけど、

「選挙のたびに落とされるような、こんな不安定なところじゃ統治ができない」と考えるんですよ。

でも、徳川《とくがわ》時代もそうだったんですよ。だから、意識的にはそのくらいの古さなんで。変えなきゃいけないということですね。

大川紫央　なるほど。

天草四郎　だから、われわれも応援《おうえん》はしていますから。地上の成功だけがすべてではありませんけれども、これは世界に影響《えいきょう》が出ることであるので。中国が今のままで世界を支配していいとは、神は思っていないということです。

中国の監視《かんし》社会の実際の様子とは

大川紫央　すみません、もう時間なんですが、最後に一点、ご質問します。

「中国に対して、『監視《かんし》社会だ』とか『人間の権利がすごく制限されていて、信仰もない世界だ』みたいなことを聞いていたけれども、実際に行ってみると、そうでもないいんじゃないか。みんな普通《ふつう》に生きているよ」といった感想を聞いたこともあるのですが。

天草四郎　「普通の旅人」なら、そういうことでしょうね。

大川紫央　そうですね。しかし、実際に住んでみると……。

天草四郎　すでに居住している人たちは、全部、監視されています。だから、徳川時代と一緒《いっしょ》で、「五人組」みたいなものが相互《そうご》監視して告発するような状態になっている。

大川紫央　北朝鮮にも通じる。

天草四郎　同じです。

大川紫央　なるほど。

天草四郎　この考え方は、もう、やめなければいけない。

大川紫央　分かりました。

質問者一同　ありがとうございます。

天草四郎　はい。

「霊言現象《れいげんげんしょう》」とは、あの世の霊存在の言葉を語り下ろす現象のことをいう。これは高度な悟《さと》りを開いた者に特有のものであり、「霊媒現象《れいばいげんしょう》」(トランス状態になって意識を失い、霊が一方的にしゃべる現象)とは異なる。外国人霊の霊言の場合には、霊言現象を行う者の言語中枢《ちゅうすう》から、必要な言葉を選び出し、日本語で語ることも可能である。

なお、「霊言」は、あくまでも霊人《れいじん》の意見であり、幸福の科学グループとしての見解と矛盾《むじゅん》する内容を含《ふく》む場合がある点、付記しておきたい。

第4章　ハンナ・アレントの霊言《れいげん》

二〇一九年九月四日　収録

幸福の科学　特別説法堂《せっぽうどう》にて

ハンナ・アレント（一九〇六～一九七五）

政治学者・哲学者《てつがくしゃ》。ユダヤ系ドイツ人として生まれる。十八歳《さい》でマールブルク大学に入学し、マルチン・ハイデガーに学ぶ。その後、フライブルク大学でエドムント・フッサールに、ハイデルベルク大学でカール・ヤスパースに学ぶ。一九二八年、ヤスパースのもとで、「アウグスティヌスの愛の概念《がいねん》」の論文を執筆《しっぴつ》し、博士学位を取得。三三年にナチス政権が成立した後《のち》、パリに逃《のが》れ、ユダヤ人の救援《きゅうえん》活動に従事。五一年、『全体主義の起源』を発表し、反ユダヤ主義と帝《てい》国《こく》主義に焦点《しょうてん》を置いて、ナチズム、スターリニズムの根源を突《つ》き止めた。他の著書に『人間の条件』『革命について』『イェルサレムのアイヒマン』などがある。

質問者

大川紫央《おおかわしお》（幸福の科学総裁補佐《ほさ》）

神武桜子《じんむさくらこ》（幸福の科学常務理事 兼《けん》 宗務《しゅうむ》本部第一秘書局長）

［質問順。役職は収録時点のもの］

「アグネス・チョウ氏を指導している」

大川隆法　ハンナ・アレントさん、ハンナ・アレントさん。

ハンナ・アレント　アレントです。

大川紫央　いつもありがとうございます。

ハンナ・アレント　うん、うん。

大川紫央　香港《ホンコン》で、今、アグネス・チョウさんが活動されているのですけれども、ハンナ・アレント先生からもご指導いただいているということでした。

ハンナ・アレント　はい、はい。

大川紫央　それでよろしいですか。

ハンナ・アレント　はい、そうです。（指導）しています。

大川紫央　何か、アグネス・チョウさんとご関係はありますか。

ハンナ・アレント　うーん……。（約五秒間の沈黙《ちんもく》）ナチスの「ユダヤ人狩《が》り」と同じようなことが行われる感じがあるから、私の生涯《しょうがい》を通してやってきた、全体主義との対決、ファシズムとの対決……。

大川紫央　はい。それがまさに……。

ハンナ・アレント　うーん、まさしく起きる。起きてからじゃなくて、〝起きる前〟にそれをいっぱい知らしめることが大事で。

大川紫央　知らせなければいけないと？

ハンナ・アレント　大川隆法総裁が、それを勉強してくれていますからね。宗教の側からこういうものを言うのは、けっこう難しくて分からないことはあるんですけれども、それが「今、言える」からね。

大川紫央　はい。

ハンナ・アレント　だから、私とも関係あるし、大川総裁とも関係あるし、そういうことは、思想的に、今……。

大川紫央　戦っている？

ハンナ・アレント　自分が研究している、天上界《てんじょうかい》に還《かえ》っても研究しているものの一つなので。

大川紫央　なるほど。

ハンナ・アレント　ええ。だから、応援《おうえん》しています。魂《たましい》的にはキリスト教やユダヤ教関連でも、過去にお会いしたことは数多くあるので、お友達の一人です。

『ハンナ・アーレント スピリチュアル講義「幸福の革命」について』（幸福の科学出版刊）

大川紫央　お友達として。

ハンナ・アレント　はい。

大川紫央　分かりました。

神武　魂がつながっていたりはされていますか。

ハンナ・アレント　うーん、そうはっきりは言いませんが、お友達です。

全体主義による歴史の不幸を繰《く》り返してはならない

大川紫央　アレント先生的には、確かに今、全体主義の国がもう一度、実際に現れようとしているので。

ハンナ・アレント　そう。だから、私は、生前は毛沢東《もうたくとう》革命以降の中国のファシズム分析《ぶんせき》までできていないので。私は一九七五年に亡《な》くなっているんですが、毛沢東は七六年に亡くなっているので。同世代なので、そこまでは分析できなかったんです。

今、それをやってくれているのが大川隆法先生のほうですので。だから、応援はしなくちゃ。

大川紫央　では、意見としては……。

ハンナ・アレント　やはり、「あの不幸を繰《く》り返してはならない」と思っています。

大川紫央　そうですね。はい、分かりました。

神武　ありがとうございました。

ハンナ・アレント　はい。

大川紫央　ご指導よろしくお願いします。

ハンナ・アレント　はい。

あとがき

地球を闇《やみ》の支配下に置こうとしている習近平氏と、イエス・キリストの魂の一部を宿《やど》したアグネス・チョウ氏の、本当の対決の意味を読み解くための貴重《きちょう》な一書、それが本書である。

『香港《ホンコン》革命』は、「神の革命」でもあるのだ。

神は「自由・民主・信仰」の世界を建設しようとしている。

そして、香港は「自由のために、戦うべきは今」であることを雄弁《ゆうべん》に語っている。

二万人の邦人保護《ほうじんほご》のために、政府が香港沖に自衛隊を展開することは、決して現行の憲法にも違反していない。また次の台湾危機への日本の意思表示にもなるだろう。

今こそ、日本は正しいシグナルを世界に向けて発信すべきである。

二〇一九年　九月五日

幸福《こうふく》の科学《かがく》グループ創始者兼総裁《そうししゃけんそうさい》

幸福実現党創立者兼総裁《こうふくじつげんとうそうりつしゃけんそうさい》　大川隆法《おおかわりゅうほう》

『自由のために、戦うべきは今』関連書籍

『太陽の法』（大川隆法 著　幸福の科学出版刊）
『国際政治を見る眼』（同右）
『愛は憎しみを超えて』（同右）
『日本の使命』（同右）
『リーダー国家 日本の針路』（同右）
『守護霊インタビュー　習近平 世界支配へのシナリオ』（同右）
『習近平守護霊　ウイグル弾圧を語る』（同右）
『毛沢東の霊言』（同右）
『「太平天国の乱」の宗教革命家 洪秀全の霊言』（同右）
『ジョン・レノンの霊言』（同右）
『織田信長の霊言』（同右）

『太閤秀吉の霊言』(同右)
『軍師・黒田官兵衛の霊言』(同右)
『メタトロンの霊言』(同右)
『ゾロアスターとマイトレーヤーの降臨』(同右)
『断末魔の文在寅　韓国大統領守護霊の霊言』(同右)
『ハンナ・アーレント　スピリチュアル講義「幸福の革命」について』(同右)
『ブルース・リーの霊言』(同右)
『世界皇帝をめざす男』(大川隆法　著　幸福実現党刊)
『中国と習近平に未来はあるか』(同右)
『大川隆法　フィリピン・香港　巡錫の軌跡』(大川隆法　監修　幸福の科学出版刊)

自由《じゆう》のために、戦《たたか》うべきは今《いま》

―― 習近平 vs. アグネス・チョウ 守護霊霊言 ――

2019年9月6日　初版第1刷
2019年9月20日　第2刷

著　者　大《おお》 川《かわ》 隆《りゅう》 法《ほう》

発行所　幸福の科学出版株式会社

〒107-0052 東京都港区赤坂2丁目10番14号
TEL(03)5573-7700
https://www.irhpress.co.jp/

印刷・製本　株式会社 研文社

落丁・乱丁本はおとりかえいたします

ISBN978-4-8233-0111-7 C0030
カバー EPA ＝時事／帯 EPA ＝時事, SPUTNIK/ 時事通信フォト
p.35 SPUTNIK/ 時事通信フォト／ p.178 EPA ＝時事／ p.229 デジ楽
装丁・イラスト・写真（上記・パブリックドメインを除く）© 幸福の科学

大川隆法 霊言シリーズ・中国の本質を明かす

習近平守護霊 ウイグル弾圧を語る

ウイグル"強制収容所"の実態、チャイナ・マネーによる世界支配戦略、宇宙進出の野望──。暴走する独裁国家の狙いを読み、人権と信仰を護るための道を示す。

1,400円

中国 虚像の大国

商鞅・韓非・毛沢東・林彪の霊言

世界支配を目論む習近平氏が利用する「法家思想」と「毛沢東の権威」。その功罪と正体を明らかにし、闇に覆われた中国共産主義の悪を打ち破る一書。

1,400円

毛沢東の霊言

中国覇権主義、暗黒の原点を探る

言論統制、覇権拡大、人民虐殺──、中国共産主義の根幹に隠された恐るべき真実とは。中国建国の父・毛沢東の虚像を打ち砕く必読の一書。

1,400円

秦の始皇帝の霊言 2100 中国・世界帝国への戦略

ヨーロッパ、中東、インド、ロシアも支配下に!? 緊迫する北朝鮮危機のなか、次の覇権国家を目指す中国の野望に、世界はどう立ち向かうべきか。

1,400円

※表示価格は本体価格(税別)です。

大川隆法ベストセラーズ・中国民主化への道

日本の使命

「正義」を世界に発信できる国家へ

香港民主活動家アグネス・チョウ、イランのハメネイ師＆ロウハニ大統領 守護霊霊言を同時収録。哲学なき安倍外交の限界と、東洋の盟主・日本の使命を語る。

1,500 円

愛は憎しみを超えて

中国を民主化させる日本と台湾の使命

中国に台湾の民主主義を広げよ——。この「中台問題」の正論が、第三次世界大戦の勃発をくい止める。台湾と名古屋での講演を収録した著者渾身の一冊。

1,500 円

中国民主化運動の旗手 劉暁《りゅうぎょう》波《は》の霊言

自由への革命、その火は消えず

中国人初のノーベル平和賞受賞者が、死後8日目に復活メッセージ。天安門事件の人権弾圧に立ち会った劉氏が後世に託す、中国民主化への熱き思いとは。

1,400 円

「太平天国の乱」の宗教革命家 洪秀全《こうしゅうぜん》の霊言

北朝鮮の「最期」と中国の「次の革命」

世界史上最大規模の革命運動だった「太平天国の乱」。その指導者・洪秀全の隠された歴史的意味と、今後、中国で予想される民主化革命の姿が明かされる。

1,400 円

幸福の科学出版

大川隆法 霊言シリーズ・世界情勢を読む

断末魔の文在寅
韓国大統領守護霊の霊言

徴用工の賠償金請求、GSOMIAの破棄など、アジア情勢を混乱させる文在寅大統領の思考回路を読む。南北統一による核保有、そして、日本侵略の〝夢〞を語る。

1,400円

「日露平和条約」を
決断せよ
メドベージェフ首相 & プーチン大統領
守護霊メッセージ

「北朝鮮・中国の核兵器を無力化できる」。ロシアの2トップが、失敗続きの安倍外交に最終提案。終結していない戦後の日露、今がラストチャンス！

1,400円

守護霊インタビュー
トランプ大統領の決意
英語霊言 日本語訳付き

北朝鮮問題の結末とその先のシナリオ

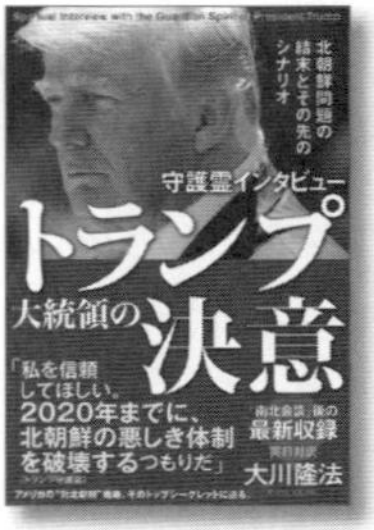

〝宥和《ゆうわ》ムード〞で終わった南北会談。トランプ大統領は米朝会談を控え、いかなるビジョンを描くのか。今後の対北朝鮮戦略のトップシークレットに迫る。

1,400円

スピリチュアル・
インタビュー
メルケル首相の理想と課題
英語霊言 日本語訳付き

移民政策や緊縮財政など、EUの難局に直面するドイツ首相の本心に迫る。トランプや習近平、プーチンに対する本音、そして、衝撃の過去世が明らかに。

1,400円

※表示価格は本体価格（税別）です。

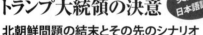

大川隆法ベストセラーズ・幸福実現党の目指すもの

リーダー国家 日本の針路

緊迫する中東情勢をどう見るか。世界教師が示す、日本の針路と世界正義。イランのハメネイ師とイスラエルのネタニヤフ首相の守護霊霊言を同時収録。

1,500円

自由・民主・信仰の世界

日本と世界の未来ビジョン

国民が幸福であり続けるために──。未来を拓くための視点から、日米台の関係強化や北朝鮮問題、日露平和条約などについて、日本の指針を示す。

1,500円

君たちの民主主義は間違っていないか。

幸福実現党 立党10周年・令和元年記念対談

大川隆法　釈量子　共著

日本の民主主義は55点!?　消費増税のすり替え、大義なきバラマキ、空気に支配される国防政策など、岐路に立つ国政に斬り込むエキサイティングな対談!

1,500円

幸福実現党宣言

この国の未来をデザインする

政治と宗教の真なる関係、「日本国憲法」を改正すべき理由など、日本が世界を牽引するために必要な、国家運営のあるべき姿を指し示す。

1,600円

心と政治と宗教

あきらめない、幸福実現への挑戦

大川隆法　大川咲也加　共著

バラマキと増税、マスコミのローカル性、“政教分離教”など、幸福な未来を阻む問題に解決策を示す。政治や宗教に「心」が必要な理由が分かる対談本。

1,500円

I Can！ 私はできる！

夢を実現する黄金の鍵

英語説法
英日対訳

「I Can!」は魔法の言葉──。仕事で成功したい、夢を叶えたい、あなたの人生を豊かにし、未来を成功に導くための、「黄金の鍵」が与えられる。

1,500円

新復活

医学の「常識」を超えた奇跡の力

最先端医療の医師たちを驚愕させた奇跡の実話。医学的には死んでいる状態から“復活”を遂げた、著者の「心の力」の秘密が明かされる。

1,600円

イエス・キリストの霊言

映画「世界から希望が消えたなら。」で描かれる「新復活の奇跡」

イエスが明かす、大川総裁の身に起きた奇跡。エドガー・ケイシーの霊言、先端医療の医師たちの守護霊霊言、映画原案、トルストイの霊示も収録。

1,400円

※表示価格は本体価格（税別）です。

マドリード国際映画祭2019
外国語映画部門
最優秀監督賞

幸福の科学グループのご案内

宗教、教育、政治、出版などの活動を通じて、地球的ユートピアの実現を目指しています。

幸福の科学

一九八六年に立宗。信仰の対象は、地球系霊団の最高大霊、主エル・カンターレ。世界百カ国以上の国々に信者を持ち、全人類救済という尊い使命のもと、信者は、「愛」と「悟り」と「ユートピア建設」の教えの実践、伝道に励んでいます。

（二〇一九年九月現在）

愛

幸福の科学の「愛」とは、与える愛です。これは、仏教の慈悲《じひ》や布施《ふせ》の精神と同じことです。信者は、仏法真理をお伝えすることを通して、多くの方に幸福な人生を送っていただくための活動に励んでいます。

悟り

「悟り」とは、自らが仏の子であることを知るということです。教学《きょうがく》や精神統一によって心を磨き、智慧《ちえ》を得て悩みを解決すると共に、天使・菩薩《ぼさつ》の境地を目指し、より多くの人を救える力を身につけていきます。

ユートピア建設

私たち人間は、地上に理想世界を建設するという尊い使命を持って生まれてきています。社会の悪を押しとどめ、善を推し進めるために、信者はさまざまな活動に積極的に参加しています。

国内外の世界で貧困や災害、心の病で苦しんでいる人々に対しては、現地メンバーや支援団体と連携して、物心両面にわたり、あらゆる手段で手を差し伸べています。

年間約２万人の自殺者を減らすため、全国各地で街頭キャンペーンを展開しています。

公式サイト **www.withyou-hs.net**

ヘレン・ケラーを理想として活動する、ハンディキャップを持つ方とボランティアの会です。視聴覚障害者、肢体不自由な方々に仏法真理を学んでいただくための、さまざまなサポートをしています。

公式サイト **www.helen-hs.net**

入会のご案内

幸福の科学では、大川隆法総裁が説く仏法真理《ぶっぽうしんり》をもとに、「どうすれば幸福になれるのか、また、他の人を幸福にできるのか」を学び、実践しています。

入会

仏法真理を学んでみたい方へ

大川隆法総裁の教えを信じ、学ぼうとする方なら、どなたでも入会できます。入会された方には、『入会版「正心法語《しょうしんほうご》」』が授与されます。

ネット入会 入会ご希望の方はネットからも入会できます。
happy-science.jp/joinus

三帰《さんき》誓願《せいがん》

信仰をさらに深めたい方へ

仏弟子としてさらに信仰を深めたい方は、仏《ぶっ》・法《ぽう》・僧《そう》の三宝《さんぽう》への帰依を誓う「三帰誓願式」を受けることができます。三帰誓願者には、『仏説・正心法語』『祈願文《きがんもん》①』『祈願文②』『エル・カンターレへの祈り』が授与されます。

ハッピー・サイエンス・ユニバーシティ
Happy Science University

ハッピー・サイエンス・ユニバーシティとは

ハッピー・サイエンス・ユニバーシティ（HSU）は、大川隆法総裁が設立された「現代の松下村塾」であり、「日本発の本格私学」です。
建学の精神として「幸福の探究と新文明の創造」を掲げ、チャレンジ精神にあふれ、新時代を切り拓く人材の輩出を目指します。

人間幸福学部　経営成功学部　未来産業学部

HSU長生キャンパス TEL **0475-32-7770**
〒299-4325　千葉県長生郡長生村一松丙 4427-1

未来創造学部

HSU未来創造・東京キャンパス
TEL **03-3699-7707**
〒136-0076　東京都江東区南砂2-6-5　公式サイト **happy-science.university**

学校法人 幸福の科学学園

学校法人　幸福の科学学園は、幸福の科学の教育理念のもとにつくられた教育機関です。人間にとって最も大切な宗教教育の導入を通じて精神性を高めながら、ユートピア建設に貢献する人材輩出を目指しています。

幸福の科学学園
中学校・高等学校（那須本校）
2010年4月開校・栃木県那須郡（男女共学・全寮制）
TEL **0287-75-7777** 公式サイト **happy-science.ac.jp**

関西中学校・高等学校（関西校）
2013年4月開校・滋賀県大津市（男女共学・寮及び通学）
TEL **077-573-7774** 公式サイト **kansai.happy-science.ac.jp**

仏法真理塾「サクセスNo.1」

全国に本校・拠点・支部校を展開する、幸福の科学による信仰教育の機関です。小学生・中学生・高校生を対象に、信仰教育・徳育にウエイトを置きつつ、将来、社会人として活躍するための学力養成にも力を注いでいます。

TEL 03-5750-0747（東京本校）

エンゼルプランV TEL 03-5750-0757

幼少時からの心の教育を大切にして、信仰をベースにした幼児教育を行っています。

不登校児支援スクール「ネバー・マインド」 TEL 03-5750-1741

心の面からのアプローチを重視して、不登校の子供たちを支援しています。

ユー・アー・エンゼル！（あなたは天使！）運動

一般社団法人 ユー・アー・エンゼル TEL 03-6426-7797

障害児の不安や悩みに取り組み、ご両親を励まし、勇気づける、
障害児支援のボランティア運動を展開しています。

NPO活動支援

いじめから子供を守ろうネットワーク

学校からのいじめ追放を目指し、さまざまな社会提言をしています。また、各地でのシンポジウムや学校への啓発ポスター掲示等に取り組む一般財団法人「いじめから子供を守ろうネットワーク」を支援しています。

公式サイト mamoro.org ブログ blog.mamoro.org
相談窓口 TEL.03-5544-8989

百歳まで生きる会

「百歳まで生きる会」は、生涯現役人生を掲げ、友達づくり、生きがいづくりをめざしている幸福の科学のシニア信者の集まりです。

シニア・プラン21

生涯反省で人生を再生・新生し、希望に満ちた生涯現役人生を生きる仏法真理道場です。定期的に開催される研修には、年齢を問わず、多くの方が参加しています。全世界200カ所（国内187カ所、海外13カ所）で開校中。

【東京校】TEL 03-6384-0778 FAX 03-6384-0779
メール senior-plan@kofuku-no-kagaku.or.jp

幸福実現党

内憂外患《ないゆうがいかん》の国難に立ち向かうべく、2009年5月に幸福実現党を立党しました。創立者である大川隆法党総裁の精神的指導のもと、宗教だけでは解決できない問題に取り組み、幸福を具体化するための力になっています。

幸福実現党 釈量子サイト shaku-ryoko.net
Twitter 釈量子@shakuryokoで検索

幸福実現NEWS
「第二の天安門事件」の危機迫る
日本は「香港革命」への支援を
日本は静観していていいのか?
香港デモ

党の機関紙
「幸福実現NEWS」

幸福実現党 党員募集中

あなたも幸福を実現する政治に参画しませんか。

○幸福実現党の理念と綱領、政策に賛同する18歳以上の方なら、どなたでも参加いただけます。
○党費:正党員（年額5千円［学生 年額2千円］)、特別党員（年額10万円以上)、家族党員（年額2千円）
○党員資格は党費を入金された日から1年間です。
○正党員、特別党員の皆様には機関紙「幸福実現NEWS(党員版)」（不定期発行）が送付されます。

＊申込書は、下記、幸福実現党公式サイトでダウンロードできます。
住所:〒107-0052 東京都港区赤坂2-10-8 6階 幸福実現党本部
TEL 03-6441-0754 FAX 03-6441-0764
公式サイト hr-party.jp

幸福の科学出版

大川隆法総裁の仏法真理の書を中心に、ビジネス、自己啓発、小説など、さまざまなジャンルの書籍・雑誌を出版しています。他にも、映画事業、文学・学術発展のための振興事業、テレビ・ラジオ番組の提供など、幸福の科学文化を広げる事業を行っています。

アー・ユー・ハッピー？
are-you-happy.com

ザ・リバティ
the-liberty.com

幸福の科学出版
TEL **03-5573-7700**
公式サイト **irhpress.co.jp**

THE FACT
ザ・ファクト
マスコミが報道しない
「事実」を世界に伝える
ネット・オピニオン番組

ザ・ファクト 検索

NEW STAR PRODUCTION

ニュースター・プロダクション

「新時代の美」を創造する芸能プロダクションです。多くの方々に良き感化を与えられるような魅力あふれるタレントを世に送り出すべく、日々、活動しています。 公式サイト **newstarpro.co.jp**

ARI Production

ARI《アリ》 Production《プロダクション》

タレント一人ひとりの個性や魅力を引き出し、「新時代を創造するエンターテインメント」をコンセプトに、世の中に精神的価値のある作品を提供していく芸能プロダクションです。 公式サイト **aripro.co.jp**

大川隆法　講演会のご案内

大川隆法総裁の講演会が全国各地で開催されています。講演のなかでは、毎回、「世界教師」としての立場から、幸福な人生を生きるための心の教えをはじめ、世界各地で起きている宗教対立、紛争、国際政治や経済といった時事問題に対する指針など、日本と世界がさらなる繁栄の未来を実現するための道筋が示されています。

講演会には、どなたでもご参加いただけます。
最新の講演会の開催情報はこちらへ。⟹

大川隆法総裁公式サイト
https://ryuho-okawa.org